Christian Wiermer | Gerhard Voogt

DIE NACHT, DIE DEUTSCHLAND VERÄNDERTE

Christian Wiermer | Gerhard Voogt

DIE NACHT DIE DEUTSCHLAND VERÄNDERTE

Hintergründe, Fakten und Enthüllungen zu den dramatischen Übergriffen der Silvesternacht in Köln

riva

Sie haben Zehntausende Seiten größtenteils vertraulicher Dokumente ausgewertet, Hunderte Stunden Video- und Audiomaterial gesichtet und immer wieder mit Beteiligten der Nacht gesprochen: Opfern, Tätern, Rettern, Verantwortlichen. Die Zeugen im Untersuchungsausschuss finden ebenso Gehör wie die Personen, die politisch für die Silvesternacht geradestehen.

In diesem Buch wird erstmals dargestellt, wie groß das Versagen des Staats tatsächlich war und welche Folgen es hat: für die Opfer, die Täter, für ein ganzes Land.

»WAR ZUM TEIL EIN HEISSER TANZ! FROHES NEUES JAHR, JOE«

Meistens nimmt Polizeihauptkommissar Günter R. das Auto, um von seinem Wohnort im Vorgebirge zur Innenstadt-Wache in der Stolkgasse unweit der Kölner Nord-Süd-Fahrt zu gelangen. Für diesen Abend aber hatte der Mann, den sie dort »Joe Bombe« nennen, den Plan geändert. »Meine Tochter wollte in Köln feiern, ich wollte arbeiten«, blickt der der 58-Jährige zurück. Sie habe vorgeschlagen, einfach gemeinsam mit dem Zug zu fahren.

Es ist eine scheinbar banale Entscheidung, die dafür sorgen wird, dass Günter R. sich auch ein Jahr nach dieser Nacht, über die Deutschland, Europa, die halbe Welt sprach und noch immer spricht, fragen wird: Hätte er ahnen müssen, was scheinbar niemand kommen sah?

28 Minuten dauert die Fahrt mit dem Regionalexpress von seinem Wohnort bis zum Kölner Hauptbahnhof. Gegen 20:40 Uhr treffen der Vater und seine erwachsene Tochter auf Gleis 1 ein. 20 Minuten hat Günter R. noch bis zum Dienstbeginn auf der Polizeiwache im Herzen der City. Dorthin sind es 500 Meter.

Für 21:30 Uhr hat der Polizeiführer in Raum 09 im dritten Stock die Vertreter aller am Einsatz beteiligten Institutionen der Nacht geladen. Es ist also noch Zeit genug für R., um seine Tochter auf dem Vorplatz zu verabschieden und ihr viel Spaß auf der Party zu wünschen, einen »Guten Rutsch« – auch, wenn er selbst »einen Teufel tun würde, wenn ich nicht arbeite, nach Köln zu fahren in der Silvesternacht«.

Zu Beginn der Adventszeit hatte ihn sein Vertrauter und Chef Peter Römers gefragt, ob er nicht wie im letzten Jahr auch in der Silvesternacht 2015/2016 die Einsatzleitung übernehmen wolle. Die beiden kennen sich seit über 30 Jahren. »Und da ich das nicht ungern mache, habe ich da natürlich zugesagt«, sagt R. Außerdem habe er im Vorjahr den Einsatz eigentlich ganz gut hingekriegt. »Das war anstrengend, aber das war durchaus machbar.«

»Joe Bombe« gilt als extrem erfahrener Polizist. 22 Jahre lang war er beim Kölner SEK, zuletzt als Kommandoführer. Aus dieser Zeit stammt auch der Spitzname des kleinen, kompakten Mannes. Den Hang, lieber mitten im Geschehen zu sein als am Schreibtisch auf der Wache zu sitzen, hat sich R. ebenfalls erhalten, auch als er zum Leiter der Führungsstelle der Polizeiinspektion im 50 Kilometer westlich von Köln gelegenen Düren ernannt wurde – und auch, als er im September 2013 als Dienstgruppenleiter der Wache Altstadt-Nord in die Kölner City zurückkehrte.

Er spüre eben gern die polizeiliche Lage, sagt R., weil er dann »bessere Entscheidungen« treffe. Mitunter packt er auch selbst zu, auch wenn das nicht unbedingt dem polizeilichen Lehrbuch für einen perfekt geführten Einsatz entspreche, wie er einräumt. Auch in dieser Silvesternacht, morgens um vier, wird es dazu kommen, dass R. selbst einem Täter hinterherläuft, um ihn nach einer Verfolgungsjagd festzunehmen und eigenhändig ins Polizeipräsidium zu kutschieren. Eine halbe Stunde sollte ihn das etwa kosten. »Das war nicht mein Wunsch und mein Wille, aber die Alternative wäre gewesen, dass man den einzigen auf frischer Tat festgenommenen Sexualstraftäter laufen lässt«, verteidigt er sich. »Der hatte keinen festen Wohnsitz. Das war ein Algerier mit einem – das war nicht genau nachzuvollziehen, aber wahrscheinlich mit einem – Touristenvisum für Frankreich. Das konnte ich nicht zulassen.«

Günter R. ist ein Mann, der den kriminellen Alltag einer Millionenstadt kennt. Mit nüchternem Selbstbewusstsein spricht er Sätze aus wie: »Ich kann nur sagen, dass ich sehr einsatzerfahren bin – sowohl in der Stabsarbeit als auch in der Durchführung von Einsätzen –, und ich denke, das Vertrauen, das man in mich gesteckt hatte, war auch durchaus gerechtfertigt.«

Fast ein Jahr danach, beschreiben seine Kollegen ihn als einen Mann, bei dem nicht nur der frisch stehen gelassene Bart ein Zeichen für die Spuren ist, die die Silvesternacht bei ihm hinterlassen haben. Aus dem hartgesottenen Ex-SEK-Mann sei, so sagen sie, ein anderer Mensch geworden.

Als »Joe Bombe« am Abend des 31. Dezember die Bahnhofshalle mit der riesigen Uhr an der gläsernen Vorderfront verlässt und auf den Bahnhofsvorplatz mit der 70 Meter breiten, für den katholischen Weltjugendtag im Jahr 2005 erbauten Domtreppe schaut – »ja, dann habe ich zum ersten Mal diese jungen Menschen wahrgenommen ...«

400 seien es vielleicht gewesen, »überwiegend männliche Migranten, offensichtlich auch aus dem arabischen Bereich«. Wobei das natürlich Spekulationen seien, sagt R. »Die standen da in Gruppen von vielleicht 20, haben Alkohol getrunken und sich gegenseitig so Böller vor die Füße geworfen und hatten einen Riesenspaß dabei.« Sicher, er habe sich schon gedacht: »Die sind so im Umgang mit Alkohol vermutlich nicht so geübt, und wenn das mal nicht in die Hose geht, nicht, dass die nachher alle voll sind.«

Und Böller vor die Füße – »das ist jetzt nicht für einen Normalmenschen schick, oder man macht es auch nicht. Aber in einer Großstadt zu Silvester ist das ein Ding, das an jeder Ecke passiert. Spätestens seit Discounter diese Kracher für'n Appel und 'n Ei anbietet, machen die Jugendlichen das überall.«

Mehr, sagt R., der ja noch gar nicht offiziell im Dienst war, habe er eben zu diesem Zeitpunkt auch nicht absehen können. »Ich habe den Eindruck gekriegt – den Eindruck habe ich in meiner Freizeit gekriegt –, und ich habe gesagt: Das ist nichts, wo man sofort intervenieren muss.« Die jungen Männer seien zudem vor allem gut drauf gewesen. Sie hätten eben »gefeiert«.

Der Einsatzleiter – »und das möge man mir auch als Zeichen werten« – verabschiedet sich auf dem Vorplatz von seiner feierbereiten Tochter. Seine Frage, die er nicht ausspricht, aber später selbst natürlich eindeutig beantwortet, lautet: Hätte er sein eigenes Kind sehenden Auges in eine solche Gefahr geschickt, wenn er sie denn erkannt hätte?

Noch Monate später wird R. sich an diesem Punkt festklammern. Als er den Abgeordneten des Untersuchungsausschusses im Düsseldorfer Landtag von einzelnen Sexualdelikten berichtet, die ihm in den Tagen danach bekannt geworden seien, sagt »Joe Bombe«: »Das ist ekelhaft. Das ist unvorstellbar. Und bitte vergessen Sie nicht, meine Tochter war da ja irgendwo. Also, das macht mich jetzt noch wahnsinnig!«

Es ist nicht seine Tochter, die zum Opfer wird. Dafür sind es Hunderte anderer junger Frauen. Sie kommen aus Traunstein oder Reinbek, aus Chemnitz oder ganz häufig aus dem Umland: Remscheid, Neuss, Bergisch Gladbach, Hückeswagen. Sie sind geboren in Jahrgängen, die sie eher noch »Mädchen« als Frauen sein lassen: '97, '98, '99. Meistens sind die Opfer nur wenig jünger als ihre Peiniger, von denen der Großteil erst wenige Monate zuvor nach Deutschland gekommen war.

Die Frauen kommen mit ihren Freundinnen, um ihnen das aufregende Partyleben eines Erstsemesters in der ohnehin sehr feierfreudigen Stadt zu zeigen. Oder sie kommen mit ihren jungen, wachsenden Lieben, um das Feuerwerk vom Rheinufer zu bestaunen, dessen Bilder Jahr für Jahr um die Welt gehen. Ihre männlichen Begleiter werden Zeugen des Schreckens. Oder Retter ohne Chance.

»Beleidigung auf sexueller Grundlage«, »Sexuelle Nötigung durch eine Gruppe«, »Vergewaltigung«. Das sind die Straftaten, die die Täter der Silvesternacht reihenweise verübt haben. Als »Begehungsweise«, wie es im Polizeideutsch heißt, wird in den Anzeigen häufig »anpöbeln«, »grapschen«, »drängeln« angegeben. Die Frauen heißen »Geschädigte«. Das hört sich harmlos an im Vergleich zu dem, was sie tatsächlich erlebt haben. Die Männergruppen handelten brutal, rücksichtslos, erniedrigend – viele Opfer sind bis heute traumatisiert.

Ihre Erlebnisse verändern ein ganzes Land.

Im Protokoll einer vertraulichen Besprechung, die der nordrhein-westfälische Innenminister Ralf Jäger (SPD) im März 2016 mit seinen Abteilungsleitern abhält, wird folgende, ziemlich präzise Analyse festgehalten:

> *»Die ursprüngliche Willkommenskultur gegenüber Flüchtlingen ist in der Bevölkerung in dieser Form nicht mehr vorhanden. Es besteht weiterhin ein breites Engagement. Allerdings sind durch die Ereignisse in Köln auch bereits zuvor schwelenden Vorbehalte offenbar geworden. Es ist nicht mehr damit zu rechnen, dass die Bevölkerung einen weiteren ungeregelten Zustrom von Flüchtlingen akzeptieren wird.«*

Wie konnte es zu diesem Bruch kommen?

Es gibt viele Gründe dafür, viel Schuld und noch mehr Verantwortung. Und viel zu wenige, die sie übernehmen.

Polizisten sind jedenfalls während dieses Silvesterabends zu lange nicht zu sehen, weder am Bahnhofsvorplatz noch am Dom.

Als Günter R. sich auf dem Platz mit den riesigen Lichtstelen von seiner Tochter verabschiedet, um den Dienst anzutreten, steht nicht weit von ihm Herr H. und drückt auf seinem Handy die folgenden Tasten: 1-1-0.

20:48 Uhr

Polizist: »Polizeinotruf.«

H.: »Guten Tag, H. mein Name. Ich rufe gerade direkt vom Kölner Hauptbahnhof an, denn es gibt hier drei Jungs, die gerade hier mit

Böllern gegen andere Leute werfen. Sieht wie so nach dem Krieg aus, aber halt mit Böllern.«

Polizist: »Ja.«

H.: »Könnte da mal jemand kommen?«

Polizist: »Ja, wissen wir Bescheid. Kümmern wir uns drum.«

Anrufer: »Okay. Danke.«

Polizist: »Ja. Tschüss.«

17 Minuten zuvor hat bereits die Bundespolizei, die für das Bahnhofsgebäude und die Gleise zuständig ist, Nachricht bei den Kollegen vom Land gegeben. *»Meldet Asylanten, die sich angeblich mit Raketen beschießen«*, vermerkt die Leitstelle um 20:34 Uhr im Einsatzbearbeitungssystem eCebius. Aber auch den Zusatz, der die Einschätzung der Bundespolizei offenbar in der Brisanz einordnen soll: *»Bisher nur eine Meldung.«*

Trotz des Kollegenhinweises passiert also erst mal nichts. Der Notruf von H. ist der allererste – sehr vorsichtige – Fingerzeig eines Bürgers an die Leitstelle, mit dem auf die Lage am Dom aufmerksam gemacht werden soll. Von diesem Gespräch, von der frühen Warnung der Bundespolizei und zahlreichen tatsächlichen Alarmschlägen auf der Leitstelle durch Zeugen, Kollegen oder von Opfern in den folgenden Stunden wird Einsatzleiter R. nichts mitbekommen.

Auf der Wache angekommen, tauscht sich der Polizeiführer noch mit den Kollegen darüber aus, was er gerade am Bahnhof gesehen hat. Die Innenstadt-Inspektion ist mit ihrer Allgemeinen Aufbauorganisation (AAO) laut Auftragsbuch in den ersten Stunden des Abends zuständig für das Areal, ehe um 22 Uhr die Besondere Aufbauorganisation (BAO) unter Leitung von »Joe Bombe« übernimmt.

»Die haben auch Aufklärung gefahren«, sagt R. über das Gespräch. »Aber das war für die offensichtlich nicht so ein Marker, weil die Tatsache an sich, dass Menschen da schon anfangen, Böller zu pfeffern und sich auf Silvester vorzubereiten, ist an sich nichts Ungewöhnliches. Und man musste nach der Lebenserfahrung auch davon ausgehen, dass die irgendwann alle zum Rheinufer gehen, ja. Es war also rein vorsorglich, dass ich denen gesagt habe: Bitte habt da ein Auge drauf, ja?«

Mehr als zweieinhalb Stunden nach der ersten Warnung an die Leitstelle wird es brauchen, bis die Verantwortlichen erkennen, was sich im Schatten des Doms tatsächlich abspielt. Insgesamt vergehen knapp drei Stunden nach dem Anruf der Bundespolizei, bis sämtliche 76 Beamte der 14. Bereitschaftspolizei-Hundertschaft mit Stammsitz in Brühl plus deren neunköpfige Führungsgruppe aus den anderen Teilen der Kölner Innenstadt am Bahnhof zusammengezogen werden. Es sind knapp 180 Minuten, die aus heutiger Sicht den Grundstein dafür legten, dass der Mob sich überhaupt entfesseln konnte. Das Fehler-Fundament für die Ohnmacht der Polizei, für das Leid der Opfer. Für die Nacht, die alles ändern sollte.

Eine Nacht, in der das Einsatzprotokoll der Polizei zum Dokument des Versagens wird. Erst für 1:44 Uhr, viel zu spät, findet sich dort ein Satz wieder, der Bewusstsein für die Taten des Mobs durchblicken lässt: *»Das Problem ist erkannt und in Absprache mit PF Land gehen wir jetzt massiv gegen Nordafrikaner vor.«*

Es ist eine Nacht, an deren Ende Günter R. um 7:32 Uhr eine E-Mail bestehend aus zwölf Wörtern an seinen Chef und Vertrauten Peter Römers sowie andere Kollegen aus der Polizeiinspektion 1 verschickt. »Hallo zusammen«, schreibt R. nach zehneinhalb Stunden Dienst. »War zum Teil ein heißer Tanz! Frohes neues Jahr, Joe.«

»Hotspot« Hauptbahnhof

Zwei Tage vor Silvester lässt Inspektionsleiter Peter Römers an alle eingeplanten Kräfte den Einsatzbefehl versenden. Exakt 142 Polizisten sind das für den Sondereinsatz, der BAO, auf dem gesamten Stadtgebiet.

Auf 24 Seiten inklusive Skizzen und Ortsplänen hat Römers ihnen nun unter anderem beschrieben, was nützliche Informationen sein dürften: wo etwa in der Nacht die Verpflegungsstation eingerichtet wird, welche Dienstkleidung zu tragen ist (»Einsatzanzug, Barett, Schutzhelme, -schilde sind auf den Fahrzeugen mitzuführen«) oder wo sich der Ort für die Ausgabe der Gehörschutzstöpsel befindet, falls die Böllerei zu heftig wird. Polizeidirektor Römers gibt Hinweise, wie »im Hinblick auf die aktuelle Sicherheitslage« mit verdächtigen Gegenständen umzugehen sei, und erläutert, wo in der Stadt während des Jahreswechsels »Waffenverbotszonen« eingerichtet sind, nämlich insbesondere am Rheinufer sowie auf den Brücken.

Und vor allem hat der erfahrene Beamte in seiner bereits Anfang Dezember erstellen Lagebeurteilung formuliert, mit welchem Verhalten die Polizei tatsächlich in der Silvesternacht rechnet. Der Befehl liest sich – mit Ausnahme der Eskalation der Sexualdelikte – geradezu wie eine Vorhersage der Ereignisse von Köln.

Unter dem Stichwort »Besondere Lage« schreibt der dreifache Familienvater Römers: »Die allgemeine Sicherheitslage nach den jüngsten Anschlägen wird als bekannt vorausgesetzt. Gerade in Bezug auf diese Lage in Verbindung mit einem massiven und häufig rücksichtslosen Einsatz von Pyrotechnik und Feuerwerkskörpern (gezieltes »beschießen« von Personen, auch Einsatzkräften) und den daraus resultierenden Gefahren (Panikreaktionen u. Ä.) ist eine deutlich sichtbare polizeiliche Präsenz im gesamten Einsatzraum erforderlich. Insbesondere der flächendeckenden Ansprechbarkeit für hilfesuchende Bürger kommt wegen der allgemein herrschenden Verunsicherung eine hohe Bedeutung zu.«

Seit Ende 2008 ist Römers, der auf 41 Berufsjahre zurückschauen kann und zahlreiche Großeinsätze wie zum Straßenkarneval oder an Silvester selbst geleitet hat, der hochrangigste Ordnungshüter in der Kölner Innenstadt-Inspektion. Ab dem Jahr 2012 hat er eine Explosion von Taschendiebstahldelikten festgestellt. Täglich beklauen Gruppen junger Männer, die meist aus Algerien, Marokko oder Tunesien stammen, arglose Touristen rund um den Dom oder angetrunkene Partygänger auf den Kölner Ringen. Sie verwenden den »Antanztrick«, in Köln auch gern »Poldi-Trick« genannt, bei dem die Opfer von einem Haupttäter – scheinbar zum Spaß – körperlich bedrängt werden, um sie überfallartig abzulenken, während zwei bis drei Komplizen Geldbörsen oder Handys aus den Hosentaschen ziehen. Die nordafrikanischen Intensivtäter heißen im Polizeijargon nur kurz »Nafri«.

So entschließt sich Römers, ehe er sich über den Jahreswechsel in den Urlaub verabschiedet, seine Kollegen anders als in den Vorjahren noch einmal ganz besonders für diese »Kundschaft« zu sensibilisieren.

> *»Zudem ist während der Feierlichkeiten mit den typischen Gefahren zu rechnen, die sich aus größeren Menschenansammlungen in Verbindung mit (stark) erhöhtem Alkoholkonsum heraus ergeben können«*, schreibt er im Einsatzbefehl. *»Neben einer Vielzahl von Körperverletzungsdelikten (häufig als »Tumultdelikt«) hat es in den letzten Jahren insbesondere in den Deliktsbereichen Taschendiebstahl und Straßenraub erhebliche Steigerungen gegeben. Dies dürfte maßgeblich auf die Täterklientel NAFRI zurückzuführen sein, die die günstigen Tatgelegenheitsstrukturen nutzen.«*

Auch die Bundespolizei bereitet sich längst auf eine schwierige Nacht vor. Die zuständige Direktion beantragt beim Bundespolizeipräsidium in Potsdam einen Einsatzzug mit 32 Beamten sowie eine Gruppe mit zehn Polizisten. Tatsächlich wird die Zahl der zugewiesenen Kräfte bei der Zuweisung sogar noch aufgestockt, um eine schwer ausgerüstete sogenannte Beweissicherungs- und Festnahmeeinheit (BFE) aus Sankt Augustin bei Bonn. Mit den 18 Regeldienstkräften inklusive drei Streifen sollen sich bei der Bundespolizeiinspektion in der B-Passage des Bahnhofs 67 Einsatzkräfte zum Dienst melden, was fast doppelt so viele wie in den Vorjahren sind (2013: 38; 2014: 44).

Im Einsatzbefehl ist für sie vermerkt: »Wie in den vergangenen Jahren ist auch diesmal wieder mit einem hohen Personen- und Straftatenaufkommen und einer damit einhergehenden enormen Belastung der eingesetzten Kräfte zu rechnen. Im Vorjahr konnte während des gesamten Einsatzes, insbesondere in dem Zeitraum 00:00–06:00 Uhr, eine extrem hohe Gewaltbereitschaft und ein hohes Aggressionspotenzial festgestellt werden. Dies führte u. a. zu einer großen Anzahl an körperlichen Auseinandersetzungen zwischen Kleingruppen. Weiterhin kam es im gesamten Einsatzverlauf zu einer großen Zahl von Eigentumsdelikten.«

Keiner der Planer konnte voraussehen, was tatsächlich in der Kölner Silvesternacht passieren würde, auf welch unglaubliche Weise über 500 Frauen erniedrigt werden sollten. Aber auf eine verschärfte Lage haben sich alle verantwortlichen Polizisten eingestellt.

Schon im Spätherbst, als sich Inspektionsleiter Römers erstmals darüber Gedanken gemacht hatte, wie viele Kräfte der Landespolizei er für die Silvesternacht wohl benötigen würde, hatte er noch im Ohr, was ihm Günter R. aus dem letzten Jahr mitgegeben hatte: Es hätten schlicht zu wenig Kollegen zur Verfügung gestanden. Silvester 2014/2015 war dem Einsatzleiter ein Zug der Bereitschaftspolizei, also 38 Beamte, bewilligt worden. Ein zweiter Zug »wäre dringend erforderlich, um die Einsatzspitzen sachgerecht abarbeiten zu können«, teilte R. seinen Vorgesetzten im Anschluss schriftlich mit.

Und Peter Römers dachte bei seiner Planung an seinen Mitarbeiter Burkhard Jahn. Wohl kaum ein anderer Beamter kennt die Gegend um den Dom so gut wie der 58-Jährige. Unter den Kölnern ist der Mann mit der eckigen Brille und dem besonderen Humor (»Ich bin mit Migrationshintergrund – aus Westfalen – 1979 nach Köln eingereist«) wiederum vielen auch schlicht als »Dompolizist« ein Begriff.

Bettler, Obdachlose, Junkies und seit einigen Jahren immer mehr »Nafri« sorgen für das tägliche Geschäft des drahtigen Fußstreifenbeamten mit dem freundlichen Lächeln. Noch vor Dienstantritt macht er tagtäglich einen Gang über den Roncalliplatz, um schon mal ein Gefühl für die Lage zu bekommen.

Jahn gehört quasi zum Inventar in der Kölner Altstadt, die stark geprägt ist von den Bauten und dem Einfluss des Erzbistums. Er sagt Sätze wie: »Ich fühle mich meinem Polizeibezirk ausgesprochen intensiv und emotional verbunden.« Oder: »Ich habe den Menschen und dem Ort versprochen, dass ich mich um sie kümmere.« Er habe zwar nur »Schuhgröße 41«, aber dennoch wolle er seinen Beitrag leisten, damit die Menschen rund um den Dom miteinander klarkämen, erklärt Burkhard Jahn.

Das große Wort ist nicht seins, Drumherumreden mag Jahn schon mal gar nicht. »Die problematischen Menschen rund um Dom und Hauptbahnhof und Altstadt sind afrikanische Drogendealer und die Taschendiebszene«, sagt er, und nicht etwa »der normale Obdachlose, der normale Junkie oder so«. Oder er wirft ein: »Die Frage ist, ob ich mein Bürgerkriegstrauma aus meinem Heimatland unbedingt nach vier Tagen in Deutschland auf der Domplatte mit Feuerwerk bekämpfen muss.«

Was für ihn gar nicht geht und wann er gerne zur »Spaßbremse« werde, um auf einfache Ordnungsregeln hinzuweisen, weiß er auch: »Saufen, krakeelen, an die Wand pissen, mit Raketen in den Dom schießen.«

An Silvester 2014/2015 hatte Jahn Dienst, als Leiter des für die Rhein-Brücken zuständigen Abschnitts. In den Zeitungsberichten über den Verlauf dieser Nacht erregt vor allem der Fall einer jungen Mutter viel Aufmerksamkeit. Nach einem Streit mit ihrem Lebensgefährten und reichlich Alkoholkonsum während der Silvesterfeier auf einem Partyschiff war die 32-Jährige in den Rhein gestürzt und ertrunken.

Doch als Burkhard Jahn, der eigentlich sehr ungern Dinge verschriftlicht, drei Tage nach dem Einsatz einen »Erfahrungsbericht« für seine Chefs und Kollegen verfasste, lag ihm noch eine ganz andere Lage in seinem Revier am Herzen. Jahn beschrieb eine Situation, die sich zwölf Monate später mit ungleich größeren Folgen wiederholen sollte:

»Bereits während der Aufklärungs- und Voraufsichtsphase war der Bereich Dom-Hbf klar erkennbarer Hotspot. Frühzeitiges und nachdrückliches Einschreiten unsererseits sowie eine örtliche Schwerpunktsetzung für die BP-Kräfte waren geboten und hilfreich«, schrieb Jahn. Mit BP-Kräften sind die Einheiten der vom Land zur Verfügung gestellten Bereitschaftspolizei-Hundertschaften gemeint.

»Wiederholt empfehle ich«, so Jahn, »diesen Bereich als eigenen Unterabschnitt zu planen und hier eine intensivere Kooperation mit der Bundespolizei anzustreben. Wie schon in den Vorjahren waren keine Maßnahmen der Kommune in diesem Bereich erkennbar, den einschlägigen Rechtsregeln Geltung zu verschaffen.«

Peter Römers hat sich diese klaren Hinweise gemerkt. Im Lauf des Jahres 2015 hat er zudem eine veränderte Stimmung in der Bevölkerung festgestellt. Der islamistische Terrorismus mit seiner realen Bedrohung in Europa, die Zunahme von sogenannter Kleinkriminalität, gerade in Köln, und auch der riesige Zustrom von Schutzsuchenden seit dem Sommer, all das habe was mit den Menschen gemacht, berichtet Römers.

Auch deswegen habe er in den vier, fünf Wochen vor dem Jahreswechsel die Polizeipräsenz hochgefahren. »Die Leute waren verunsichert. Viele sind auch gar nicht auf die Weihnachtsmärkte gegangen angesichts der jüngsten Ereignisse in Paris unter dem Stichwort Terror. Viele haben bange Fragen gestellt: Kann man überhaupt in Massenveranstaltungen reingehen, auf belebte Örtlichkeiten gehen, auf belebte Weihnachtsmärkte?«, erinnert er sich Monate nach Neujahr vor dem Düsseldorfer Untersuchungsausschuss. »Ich habe für mich den Entschluss gefasst, man kann nicht nach Weihnachten so tun, als sei jetzt eine völlig neue Sicherheitslage, sondern ich möchte angesichts der zu erwartenden Massen von Menschen in der Silvesternacht auch dann gewährleisten, dass die Ansprechbarkeit für den Bürger in der Fläche besser gegeben ist als in den Vorjahren durch sichtbare Polizeipräsenz. Deswegen habe ich eine Hundertschaft angefordert.«

Eine Hundertschaft – das sind gut ausgerüstete 114 Beamte, bestehend aus je drei Einsatzzügen plus neunköpfiger Führungsgruppe, perfekt ausgebildet für den Einsatz gegen die erwarteten »Tumultdelikte«. Römers beantragt damit zwar drei Mal so viel Kräfte wie im Vorjahr, aber aus seiner Sicht ist dies absolut angemessen – nicht zuletzt, weil er die Polizisten laut ursprünglichem Einsatzplan schon früh rausschicken möchte, »in die Fläche bringen«, wie er sagt. Der Einsatzbeginn soll bereits um 20 Uhr sein. Auch die drei Züge, mit denen er plant, verteilt er schon mal: einer für die Altstadt mit den Rheinbrücken, einer für die Partyzone auf den Ringen und einer für den »Hotspot« Hauptbahnhof. Genau so, wie es nicht nur Burkhard Jahn »wiederholt« angemahnt hatte. Als Dompolizist Jahn im Juli 2016 auf die Silvesternacht zurückblicken wird, hält er nüchtern fest: »Es ist nicht immer angenehm, recht behalten zu haben ...«

»Nur für Köln ist immer alles schwierig«

Der Wunsch von Peter Römers nach einem Kräfteplus landet samt ausführlicher Begründung am 14. Dezember auf einem Schreibtisch in der Schifferstraße 52 im Duisburger Hafen. In einem Großraumbüro des modernen Neubaus sitzt Karl-Heinz R., 55 Jahre alt, Erster Polizeihauptkommissar im Dezernat 41.2, Abteilung 4 des Landesamtes für Zentrale Polizeiliche Dienste (LZPD).

Das LZPD ist eine in der Bevölkerung kaum bekannte Behörde, aber innerhalb der rund 40000 Kräfte starken NRW-Polizei mit immensem Einfluss versehen. Das 1100 Mitarbeiter große Amt ist nicht nur zuständig für die komplette Ausrüstung der Beamten, sondern auch für die Kräftezuteilung: Wo wird die Reiterstaffel hingeschickt? Welche Polizeidienststelle erhält Verstärkung für einen Demo-Einsatz? Welches Fußball-Bundeligaspiel ist besonders risikobehaftet und braucht Extrakräfte aus einer der 18 Bereitschaftspolizei-Hundertschaften, die von Bielefeld bis Aachen über das gesamte Bundesland verteilt stationiert sind?

Seit 2007 wird das LZPD angeführt von Jürgen Mathies, jenem Mann, der am zweiten Samstag des Jahres 2016 am Frühstückstisch noch einen Anruf von Innenminister Jäger erhalten sollte – mit einer einzigen Bitte: Mathies müsse als neuer Polizeipräsident unbedingt nach Köln kommen. Er sei genau der Richtige, »um das Vertrauen der Menschen in die Kölner Polizei zurückzugewinnen«.

Der SPD-Politiker Jäger war es, der nach den Anschlägen von Paris am 13. November eine sofortige Aufstockung der Kräfte für die kommenden Wochen angekündigt hatte. »Es wird eine höhere Polizeipräsenz auf großen Weihnachtsmärkten und bei anderen großen Menschenansammlungen geben«, versprach der Minister in einer Sitzung des Innenausschusses. Das war zwei Tage, nachdem auch noch in Hannover das Fußball-Länderspiel Deutschland gegen England wegen eines Terrorverdachts abgesagt worden war und hierzulande die Sorge vor Anschlägen rapide zugenommen hatte.

Zur gleichen Zeit saß LZPD-Mann Karl-Heinz R. indes bereits an der Planung der Reservekräfte für die Tage »zwischen den Jahren«. »Wie in den vergangenen Jahren planen die BP Einheiten in dieser Zeit überwiegend Mehrdienst abzubauen«, schrieb R. einen Tag vor der Ankündigung Jägers an den zuständigen Ministerialbeamten und machte diesem Vorschläge, wie die Belegung an Weihnachten sowie zum Jahreswechsel aussehen solle.

Anfang Dezember entschieden LZPD und Ministerium schließlich, für die Silvesternacht 2015/2016 keine Landeseinsatzbereitschaft einzusetzen, sondern lediglich eine sogenannte Rufbereitschaft zu installieren, vor allem für eventuelle Terrorlagen, die sich über ganze Tage ziehen könnten. Drei Hundertschaftszüge à 38 Polizisten lässt R. in Wartestellung versetzen, verteilt auf die Standorte Aachen, Wuppertal und Gelsenkirchen. Als Meldezeit werden »x + 60 Minuten« festgelegt, was bedeutet, dass die privat Silvester feiernden Beamten erst innerhalb einer Stunde auf der Dienststelle sein müssen, um sich dort wiederum auf den Einsatz vorzubereiten und schließlich loszufahren. »Eher drei als zwei Stunden«, so schätzt ein erfahrener Hundertschaftsführer die Dauer ein, bis die Kräfte im Alarmfall tatsächlich in Köln wären.

Am Entschluss von LZPD und Ministerium, auch an Silvester vor allem Überstunden abzubauen, wird auch die Anforderung aus Köln nichts mehr ändern. R.s erster Ansprechpartner dort für die Verhandlungen über die Kräftezuweisung ist Stefan N.

Der 53-Jährige aus der Direktion Gefahrenabwehr/Einsatz gilt als ein umgänglicher Kollege, der aus seiner Meinung selten einen Hehl macht und seine Tätigkeit auch schon mal salopp so beschreibt: »Ich nenne das immer so wertfrei: Gas, Wasser, Scheiße.«

Zwei Tage, nachdem der Kölner Wunsch in Duisburg eingegangen war, erhielt N. von Karl-Heinz R. das Signal: Mit der geforderten kompletten Hundertschaft werde es nichts. Der Hauptkommissar ist enttäuscht. Um kurz nach sechs Uhr morgens am 16. Dezember schreibt er von zu Hause aus an R. eine E-Mail: »Es klappt überall siehe Duisburg oder Gelsenkirchen ... Nur für Köln ist immer alles schwierig. Ich ärgere mich ein wenig und bin gegen 8:40 Uhr im Büro ...«

Auch ein späteres Telefonat von Peter Römers mit Karl-Heinz R. sollte nichts mehr bringen. R. blieb beim »Nein«. Seine Begründung: Falls man mehr Kräfte wegen der angespannten Terrorlage bewillige, müsse man es ja für ganz NRW machen. Da könne man für Köln keinen Sonderfall draus machen. Außerdem möge man doch bitte die Stadt, die Unterstützung für den Fall von Gedränge auf den Brücken angefragt hatte, darauf hinweisen, dass diese ihren eigenen Aufgaben erst mal mit eigenem Personal nachkommen möge.

Monate später wird Stefan N. vor dem Untersuchungsausschuss in Düsseldorf berichten, was damit gemeint gewesen sei, als er sich beklagte, dass es für Köln immer schwierig wäre: »Dass andere Städte durchaus Bereitschaftspolizei bekommen, wo wir, ich sage mal, immer besonders wieder drauf hinwirken müssen«, sagt N. »Uns wird oft gesagt: Ihr seid so eine große Behörde, ihr könnt das auch mit eigenem Personal.« In der Tat ist Köln die größte aller 47 Kreispolizeibehörden in NRW.

Laut Karl-Heinz R. wird vom LZPD in rund jedem zehnten Fall einem Wunsch nach mehr Kräften nicht voll entsprochen. Mit Kürzungen müsse jede Polizeidienststelle rechnen, wird auch N. einräumen, »also eine Minderzuweisung, nenne ich es mal. Nur an diesem Tag war das eben aus meiner Sicht nicht erforderlich, da genug Bereitschaftspolizei im Land vorhanden war.«

Sein Kollege Matthias P., der Peter Römers bei den Vorbereitungen für Silvester unterstützt hat, reagiert noch schärfer, als er von der Ablehnung hört. Er habe gedacht, die seien »bekloppt«, sagt P. »Also, es war für mich vollkommen unverständlich.«

Peter Römers muss Mitte Dezember wegen des »Neins« vom Land umplanen. Die eigens für den Bereich Hauptbahnhof/Dom geplanten Kräfte werden aus dem Konzept gestrichen, der Einsatzbeginn für die Bereitschaftspolizisten wird um zwei Stunden nach hinten verlegt, auf 22 Uhr.

Es ist eine Entscheidung, die Folgen haben wird.

»Ich habe keinen einzigen Polizisten gesehen«

Auszug aus Fallakte 339 der Ermittlungsgruppe »Neujahr«:

»Wir (...) sind am 31. Dezember um 19:17 Uhr mit der Bahn von Düren nach Köln gefahren, um den Silvesterabend dort zu verbringen. Auf dem Bahnhofsvorplatz war schon sehr viel Betrieb und es wurde auch schon heftig ›geknallt‹. Unangenehm war dabei lediglich der extrem leichtsinnige, teilweise echt gefährliche Umgang mit den Feuerwerkskörpern, leider von überwiegend arabisch aussehenden jungen Ausländern. Von Polizei keine Spur. Der direkte Weg zur Altstadt über die Treppe zur Domplatte war daher viel zu gefährlich und wir gingen dann den Weg über Gaffel am Dom weiter (...)
Beim Rückgang zum Hauptbahnhof gegen 1:00 Uhr fiel dann schon eine gewisse Aggressivität, leider wiederum von meist arabisch aussehenden jungen Leuten, besonders auf der Domplatte

auf. Vor den Bahnhofseingängen war das reine Chaos und weit und breit keine Polizei zu sehen ...
Es war das nackte Chaos und 20 Schritte im Eingangsbereich standen seelenruhig zwei Polizisten ... Sehr viel später haben wir dann die beiden anderen Frauen kreidebleich in dem Chaos wiedergefunden, die von widerlichen Griffen an Busen, Po und Scheide noch schockiert waren.«

1:03 Uhr, 1. Januar 2016, Anruf bei der Leitstelle des Polizeipräsidiums
Polizist: »Polizeinotruf Köln.«
Jochen V.: »Guten Abend. Mein Name ist Jochen V . Ich wünsche bitte, dass die Polizei verstärkt vorkommt im, am Bahnhof, Hauptbahnhofsvorplatz. Wie die Leute dort angegangen werden von den Flüchtlingen, ist nicht mehr normal. Sollte das nicht der Fall sein, dass da Verstärkung anrückt, werde ich morgen an sämtliche Polizei, an sämtliche Zeitungen schreiben, wie das dort abgeht. Das ist nicht normal. Ich bin mit meiner Freundin dort langgegangen. Mir wird mehrfach in die Tasche gegriffen. Meine Freundin wurde zu Boden gegriffen, und ihr wurde das Handy gestohlen.«
Polizist: »Ja, da sind schon Polizeikräfte auf dem Platz. Da werde ich den Kollegen ...«
Jochen V.: »Ich habe keinen einzigen am Eingang gesehen! Da ist eine Meute von 100 Leuten, die die Leute angreifen, die reingehen.«
Polizist: »Da wir nicht, äh, 120, 100, 120 oder 500 000 Polizisten dort herumlaufen haben, sondern nur einige 100, werden wir natürlich nicht überall sein können, aber auch da ...«
Jochen V: »Das ist mir scheißegal. Da muss man da einfach mal ...
Polizist: »Wie reden Sie mit mir! So führe ich das Gespräch nicht weiter. Bitte reden Sie vernünftig mit mir oder gar nicht. So, wir kommen dorthin und kümmern uns. Auf Wiederhören!«

Das zerbrochene Fenster – der Rechtsstaat geht k.o.

Saarbrücken, in der Woche des 2. Advent 2016. Elf Monate nach der Silvesternacht reisen die Innenminister von Bund und Ländern zu ihrer turnusmäßigen Herbstkonferenz ins Saarland. Schon mehrfach haben sie seit Januar über die Ereignisse in der Nacht gesprochen, sich gegenseitig in Telefonkonferenzen beraten, an den Reaktionen in Form von Gesetzespaketen mitgearbeitet oder Analysen in Auftrag gegeben, um selbst Antworten auf die drängendste Frage zu bekommen: Wie konnte das nur passieren?

Wie war in Köln und auch – in kleinerem Maße – in Hamburg, Stuttgart, Düsseldorf und Frankfurt möglich, was allenfalls international orientierte Kriminologen aus arabischen oder asiatischen Länder kannten?

Die 17 Minister, für die Unvorhergesehenes zum Alltag gehört, sind längst zu Experten geworden, wenn es um die Frage geht, wie sich Migration auf die Sicherheitslage auswirkt.

Die Politiker von CDU, SPD und CSU haben vieles lernen müssen, doch einig sind sich inzwischen alle – und zwar nicht mehr nur während vertraulicher Runden, sondern auch in öffentlichen Statements: Längst nicht alle, die vorgeben, in Europa Schutz zu suchen vor Krieg, Vertreibung, Hunger oder Armut, haben in Wahrheit vor allem Gutes im Sinn. Und nicht wenige, die ihre Heimat in der größten Not unter nicht weniger großen Anstrengungen verlassen, bleiben nicht die Menschen, für die sie sich bei der Abreise hielten.

Sogar die ursprüngliche, auch seinerzeit überraschend klare Einschätzung der Nachrichtendienste und der polizeilichen Sicherheitsbehörden, dass es doch ausgesprochen unwahrscheinlich sei, dass der sogenannte Islamische Staat seine »Heiligen Krieger« mit dem Flüchtlingsstrom über die Balkan-Route nach Europa schicken würde, weil es doch viel einfacher sei, diese über die Türkei per Flugzeug einreisen zu lassen, sehen die Minister längst widerlegt. Paris war der Anfang für diese Kehrtwende.

In den Wochen vor der Silvesternacht 2015 wurden die Minister durch die Fachleute der Bundespolizei und des Bundesamtes für Migration und Flüchtlinge (BAMF) darauf hingewiesen, dass sie doch innerhalb des riesigen Zustroms bitte auch ein besonderes Auge auf eine vermeintlich kleine Gruppe legen sollten: Junge Menschen aus dem Maghreb, die über das Mittelmeer oder über den Umweg Türkei Richtung Deutschland kämen. Deren Anerkennungsquote liegt bei unter einem Prozent – und dennoch würden die Zahlen plötzlich extrem hochgehen, mahnten die Behörden. Wegen oft mangelnder Kooperation mit den Herkunftsländern sei eine Abschiebung zudem selten möglich.

Die Fakten, die den Mitgliedern der Innenministerkonferenz für das erste Halbjahr präsentiert wurden: 2300 ausreisepflichtige Marokkaner – 23 Rückführungen, 24 Ausreisen bei über 2000 betroffenen Algeriern und gerade mal 6 Abschiebungen von 1200 Tunesiern, die die Aufenthaltskriterien nicht mehr erfüllten.

Die Botschaft: Viele bleiben. Länger. Perspektivlos. Und aus Sicht der Polizei: oft respektlos.

Bei der Herbstkonferenz an den letzten beiden Novembertagen 2016 in Saarbrücken bekommen die Minister vom Bundeskriminalamt (BKA) eine Erklärung präsentiert, die sehr viel mit den Entscheidungen der nordrhein-westfälischen Politik, von LZPD-Planer Karl-Heinz R., Inspektionsleiter Peter Römers und Einsatzleiter Günter R. vor und zu Beginn diese Silvesternacht zu tun hat.

Sie ist Teil einer 83-seitigen vertraulichen Analyse, die eine Bund-Länder-Projektgruppe aus Experten seit Jahresbeginn erstellt und ergänzt hat. Die Ereignisse von Köln werden in dem Abschlussbericht mit denen in anderen Großstädten verglichen, und es werden Antworten gegeben.

Als »Thesen für eine mehrdimensionale Erklärung« für den Silvester-Mob erwähnen die Fachleute die »vorhandene kulturelle Prägung, insbesondere der nordafrikanischen und asiatischen Täter, im Hinblick auf das Geschlechterrollenverständnis und die Akzeptanz sexueller Gewalt«, die »unsicheren und prekären sozialen Rahmenbedingungen, in denen einige der Täter sozialisiert wurden und fortdauernd im Rahmen der Zuwanderung leben« als Grundlage für Frustrationen sowie den »silvestertypischen Konsum von Alkohol und anderer berauschender Mittel«, aufgrund dessen »der damit einhergehenden Enthemmung eine höhere Bereitschaft zur Begehung sexuell-aggressiver Handlungen eingetreten sei«.

Aber der wohl wichtigste Punkt in der Analyse, ist der, der die Innenminister auch ganz unmittelbar trifft: Es war schlicht zu wenig und zu spät Polizei vor Ort.

Der »vermutlich letztlich am stärksten wirkende Faktor«, schreiben die Autoren, sei die Wahrnehmung potenzieller Täter gewesen, »aufgrund der unübersichtlichen Tatsituation, der subjektiv nicht wahrgenommenen polizeilichen Präsenz und der individuell existierende Erfahrungswerte offenbar keine nachhaltig negative Strafverfolgung befürchten zu müssen«.

Übersetzt: ein Rechtsstaat, der heftig taumelt und schließlich zu Boden geht.

Das BKA skizziert in der Analyse auch einen »gruppendynamischen Erklärungsansatz« dazu, warum sich die Lage so zugespitzt haben dürfte, wie es gerade in den ersten Stunden des Abends am Kölner Hauptbahnhof der Fall gewesen ist. »Die Wahrnehmung des Umstandes, dass es zu einer Vielzahl sexueller Übergriffe gekommen war«, heißt es, »dürfte die Bereitschaft der Täter zur Durchführung eigener sexueller Handlungen erhöht haben.«

Es ist genau diese sogenannte »Broken-Windows-Theorie« aus der Kriminologie, die auch Professor Rudolf Egg ins Feld führt, als er wenige Wochen vor dem Ministertreffen an der Saar vor dem Untersuchungsausschuss des NRW-Landtags ein Sachverständigengutachten vorstellt, zu dem ihn die Parlamentarier beauftragt haben und alle anonymisierten Opferanzeigen samt Schilderungen zur Verfügung stellen.

Die Theorie vom zerbrochenen Fenster hat ihren Ursprung in einem scheinbar harmlosen Experiment des Psychologen Philip Zambardo, der 1969 mitten in der New Yorker Bronx ein Auto parkte, die Nummernschilder abschraubte und die Motorhaube öffnete. Nur zehn Minuten später begann seinerzeit ein Vater mit seiner Frau samt achtjährigem Sohn, das Auto auseinanderzunehmen. Nach drei Tagen war das Fahrzeug völlig zerstört und ausgeschlachtet.

Als Zambardo den gleichen Versuch in der wohlhabenden, ordentlichen kalifornischen Kleinstadt Palo Alto durchführte, passierte erst mal tagelang nichts. Tatsächlich schloss ein Passant sogar eigens die Motorhaube. Erst als Zimbardo selbst mit einem Vorschlaghammer die Fensterscheiben zerschlug, begannen auch andere Personen mit der Zerstörung.

Die US-amerikanischen Sozialforscher James Q. Wilson und George L. Kellings griffen das Experiment in den 1980er-Jahren in ihrer Forschungsarbeit auf, bevor wiederum die New Yorker Polizei deren Theorie zur Grundlage einer neuen »Zero-Tolerance-Strategie« machte: rigoroses Vorgehen auch gegen kleinste Bagatelldelikte – ein nicht unumstrittenes, aber extrem wirksames Projekt.

Rudolf Egg erklärt unter Berufung auf das »zerstörte Fenster«, dass »eine Situation bzw. ein Umfeld, das Menschen ein hohes Maß an Anonymität verleiht, das Gefühl von persönlicher Verantwortung und damit die Beachtung von sozialen und rechtlichen Regeln reduziert, wenn vor Ort bereits von anderen Straftaten begangen wurden, die offenbar ohne Konsequenzen geblieben sind«. »Und«, so urteilt der Kriminalpsychologe: »Genau dies war in der Kölner Silvesternacht der Fall.«

Die Worte des langjähriges Direktors der Kriminologischen Zentralstelle (KrimZ) von Bund und Ländern in Wiesbaden sind eine Ohrfeige für alle, die im Vorfeld oder noch im Lauf der Nacht glaubten, man kriege die Situation auch mit dem wenigen eingeplanten Personal in den Griff.

Egg schreibt in seinem Gutachten, »dass die große Zahl der vor dem Kölner Hauptbahnhof versammelten Männer den Beteiligten schon am frühen Abend das sichere Gefühl gab, Teil einer großen und weitgehend anonymen Masse von Menschen zu sein, die keiner oder jedenfalls keiner sehr großen sozialen Kontrolle« unterliege. Die Dunkelheit des Silvesterabends dürfte das Gefühl, nicht (genau) erkannt bzw. später nicht identifiziert werden zu können, zusätzlich verstärkt haben.

Die Wahrnehmung, dass erste Straftaten Einzelner ohne (nennenswerte) Konsequenzen blieben, ermunterte wahrscheinlich schrittweise mehr und mehr Personen dieser Ansammlung, Ähnliches zu tun.«

Es sei eine Art »rechtsfreier Raum, ein ›anomischer‹ Zustand der scheinbaren Regellosigkeit, der den Beteiligten irgendwie alles zu erlauben schien, entstanden«, der auch bewirkt habe, »dass die bei vielen Männern wahrscheinlich durchaus vorhandenen inneren Hemmungen (Rücksichtnahme, Respekt, soziale Verantwortung etc.) nach und nach abgebaut wurden, weil es – soweit für die Beteiligten erkennbar – eben keine äußere Kontrolle mehr gab. In dieser Situation bzw. Stimmungslage konnten auch Personen, die ohne jede kriminelle Absicht an diesen Ort gekommen waren, zu Straftätern werden, sofern sie zumindest tendenziell ›Spaß‹ daran hatten, andere zu dominieren, und sich im Kreise der vielen anderen vor Ort Versammelten als mächtig und bedeutsam erleben wollten.«

Egg spricht von einem »Sogeffekt«. Zu dessen Eindämmung »und damit zur Verhinderung der festgestellten Flut von Straftaten in dieser Nacht wäre ein möglichst rasches und vor allem frühzeitiges Eingreifen der Polizei und sonstiger Schutz- und Ordnungskräfte, also die konsequente Verfolgung erster Straftaten, ggf. auch die frühe Räumung und Sperrung größerer Flächen, erforderlich gewesen«, so das Urteil.

Die erst kurz vor Mitternacht begonnene Räumung des Bahnhofsvorplatzes sei »wahrscheinlich erheblich zu spät« erfolgt »und konnte so auch keine nennenswerte präventive Wirkung mehr entfalten«. Egg weiter: »Die ›Stimmung‹ der Anwesenden hatte sich zu diesem Zeitpunkt bereits so stark in Richtung einer offensichtlich risikolosen Möglichkeit zur Begehung von Sexual- und Eigentumsdelikten verändert, dass es auch in den darauffolgenden Stunden zu weiteren Übergriffen kommen konnte.«

Wie an diesem letzten Abend im Jahr 2015 das »Fenster des Autos« im Schatten des Kölner Doms zerstört wurde, das hätte durchaus bemerkt werden können. Die Gespräche mit Einsatzkräften und Opfern, mit Augenzeugen und Helfern, die Aufzeichnungen von Notrufen und Funksprüchen, die Videos und Fotos aus der Silvesternacht – all das ergibt ein beispielloses Zeugnis eines versagenden Staats.

»Ja, ist da keine Polizei«?« – »Zu zweit können wir hier wenig ausrichten«

Noch bevor Günter R. seine Kollegen von der Bundespolizei, vom Ordnungsamt, der Wasserschutzpolizei, der Feuerwehr und den Abfallwirtschaftsbetrieben zur Einsatzbesprechung auf der Wache in der Stolkgasse begrüßt, meldet sich um 21:22 Uhr auf der Leitstelle im Polizeipräsidium Dennie H., ein Sanitäter des städtischen Rettungsdienstes. H. ist am Bahnhof, um erste Alkoholopfer zu versorgen, und besorgt, weil immer noch weit und breit keine Polizei zu sehen ist.

»Hör mal«, spricht er die Polizistin am Telefon im Ton von Kollegen mit dem gemeinsamen Ziel nach Ruhe und Ordnung an. »Wir sind hier am Hauptbahnhofsvorplatz und haben hier jetzt gerade ein paar Betrunkene zu versorgen, und die Leute schießen hier Raketen in die Masse. Hier stehen so ein paar 100 Leute und werfen da ihre Böller. Jetzt schießen die mittlerweile Raketen in die Menge, und das gerät hier ein bisschen aus der Kontrolle. Die Grundstimmung ist auch ein bisschen aggressiv. Vielleicht könnt ihr da mal jemanden hinschicken zum Gucken.«

»Ja«, antwortet die Beamtin in der Leitstelle prompt. Man sei bereits von der Bundespolizei informiert. Sie kündigt schnelle Unterstützung an: »Wir sind auf dem Weg.«

Bis tatsächlich zahlenmäßig nennenswerte Hilfe ankommt und bis schließlich der Vorplatz geräumt wird, vergehen aber noch knapp zwei Stunden.

Wie katastrophal das Kommunikationschaos ist, belegt exemplarisch ein 110-Gespräch, das kurz nach dem Signal des Rettungssanitäters geführt wird. Diesmal spricht eine besorgte junge Frau mit einem Leitstellenmitarbeiter, der die Bundespolizei für zuständig erachtet.

21:48 Uhr

Polizei: »Polizeinotruf.«

A.: »Ja, guten Tag, A. ist mein Name. Und zwar rufe ich an, am Kölner Hauptbahnhof, da werden Böller und Raketen absichtlich gegen Leute geschossen. Polizei ist gar nicht vor Ort, und ich wollte das nur mal melden. Ein Freund von mir hat eine Platzwunde jetzt am Kopf. Der hat eine Rakete abbekommen. Ja. Ob man da, weiß ich nicht, jemanden mal hinschicken kann oder so. Also das ist wirklich Anarchie, was da los ist.

Polizei: »Ja, ich sag der Bundespolizei Bescheid.«

A.: »Super. Vielen Dank.«

Polizei: »Okay, Sie gehen da jetzt aber weiter, oder?«

A.: »Ehm, ich bin jetzt schon da, wo ich hingehen wollte, angekommen.«

Polizei: »Ja, okay, kein Problem.«

A.: »Es war zu laut draußen.«

Polizei: »Wir geben es weiter.«

Nur vier Minuten später geht ein weiterer Alarm ein. Der Anrufer spricht nun von einem »Ausnahmezustand«, während im Hintergrund eine Sirene zu hören ist, offenkundig jedoch nicht von der Polizei, sondern von einem Rettungswagen.

21:52 Uhr

Anrufer: »Hallo, ich wollte nur kurz Bescheid sagen, am Bahnhof ist es grad hier voll am Austicken. Die schmeißen ihre Raketen auf die Leute drauf. Alle von oben nach unten. Hier ist Ausnahmezustand.«

Polizistin: »Ja, ist da keine Polizei?«
Anrufer: »Gar nichts, hier ist gar nichts vor Ort! Nichts!«
Polizistin: »Uhum.«
Anrufer: »Hier ist Ausnahmezustand. Die schießen hier Raketen. Ich weiß nicht, was hier alles rumkommt. Alles.«
Polizistin: »Ja, okay. Ja.«
Anrufer: »Einzig der RTW (Rettungswagen, Anm.) ist hier, sonst ist hier gar nichts.«
Polizistin: »Ja, alles klar.«
Anrufer: »Ausnahmezustand!«
Polizistin: »Ja, okay.«
Anrufer: »Ja, danke.«
Polizistin: »Tschüss.«
Anrufer: »Reizender Service hier.«

Die Schilderungen der Anrufer lassen die Polizei nun Zeugen der zunehmenden Eskalation werden, Menschen melden sich nahezu im Minutentakt vom Bahnhofsvorplatz aus bei der 110. Ihre Sätze klingen allesamt gleich:

> *»Es ist extremst gefährlich«, »Es werden Böller in die Menge geschmissen!«, »Die schießen gegenseitig Raketen auf sich – linke Seite gegen rechte Seite!«* oder *»Es wäre dringend nötig, dass da mal ein paar Polizisten stehen würden«.*
> *»Das ist uns bekannt«, »Die Kollegen müssten eigentlich vor Ort sein«, »Da hatten wir schon mehrere Meldungen«*, entgegnen die Leitstellenmitarbeiter wiederum und ernten dafür am anderen Ende der Leitung Verwunderung bis Entrüstung: *»Ich sehe aber keinen Ihrer Kollegen!«, »Machen Sie was oder machen Sie nichts?!«, »Ich zahle Steuern für den ganzen Sch… – auch für Sie!«*

Die Beamten, die sich um 20 Uhr zum Dienst eingefunden haben, extra eine Stunde früher, damit die Kollegen der vorhergegangenen

Spätschicht noch rechtzeitig zur Silvesterfeier nach Hause kommen konnten, wirken zunehmend ratlos bis genervt. *»Dann werden die da in der Menge sein«, »Wir sind da vor Ort – mehr kann ich Ihnen dazu nicht sagen« , »Ja, ja, ja …«,* sagen sie den Anrufern.

Zu dieser Zeit befinden sich die beiden Polizeibeamten mit dem Rufnamen »Arnold 1141« in ihrem Auto auf dem Weg über die Domprobst-Ketzer-Straße zum Taxistand vor dem Bahnhof. Gerade haben sie eine verwirrte Frau, die im Dom angedroht hatte, sich umzubringen, in die Psychiatrie des Klinikums Merheim im Osten Kölns begleitet, ehe nun ein Verkehrsunfall die Streifenbeamten zurück in die Innenstadt zwingt. Ein von einer aufgelöst klingenden Taxifahrerin als Fahrerflucht deklarierter Vorfall entpuppt sich als harmlos. Um 22:03 Uhr vermerken die Polizisten von »Arnold 1141« im System einen »leichten Sachschaden« sowie die erfolgte Aushändigung einer Zahlkarte für das Verwarngeld.

Jetzt, da die Kölner Polizisten tatsächlich in der Nähe der Menschenmenge angekommen sind, sieht die Leitstelle offenbar den Moment gekommen, sich mal zu erkundigen, wie es denn in der Gegend nun tatsächlich so aussehe. Eine Minute später werden die Polizisten über den Hauptkanal für das linksrheinische Gebiet angefunkt.

»Ja, (hier) Arnold 1141«, meldet sich einer der Beamten zurück. Und schildert: *»Ich stand am Bahnhofsvorplatz, da sind Hunderte Menschen, die alle Raketen in die Menge schießen. Nur zur Info.«*

In der Leitstelle ist man offenkundig verwirrt über diese Schilderung. *»1141, habe ich richtig verstanden: die schießen* **in** *die Menge, ja?«*, erkundigt sich der Funker.

Antwort: *»Da stehen jetzt mittlerweile grob geschätzt mal 1000 Menschen, und da wird's immer irgendeinen Idioten geben, der irgendwo hinschießt.«*

Die Leitstelle: *»Könnt ihr euch denn da einmal durchdrücken …?!«*

Eine knappe halbe Stunde danach meldet sich über die 110 erstmals eine junge Frau, die berichtet, »von ganz vielen angefasst« worden zu sein.

22:30 Uhr

Polizistin: »Notruf der Polizei.«

Anruferin: »Ja, schönen guten Abend, hier ist Bianca O. Und zwar geht es um Folgendes: Am Bahnhofsvorplatz, am Hauptbahnhof, da schießen irgendwelche Menschen gegenseitig Böller aufeinander. Hier wird wie wild durch die Gegend geschmissen, auf Passanten. Auch auf Mütter mit Kinderwagen. Also das scheint hier richtig auszuufern. Also ich glaube, Sie müssen da mal ein paar Beamte hinschicken.«

Polizistin: »Ja, die Beamten sind schon auf dem Weg. Das ist schon bekannt.«

Anruferin: »Ah, das ist aber, da kann man ja nicht durch die Menge gehen. Also wir wollten eigentlich nur vom Hauptbahnhof Richtung Gaffel am Dom gehen und wurden schon, keine Ahnung, von ganz vielen angefasst und mit Böllern beschmissen. Also es ist wirklich sehr grenzwertig. Ganz ehrlich. Wenn Sie das auch hören im Hintergrund. Das ist wirklich gefährlich.«

Polizistin: »Ja, die Kollegen kommen zu Ihnen.«

Es kommen nun vermehrt Meldungen über eine heftige Schlägerei an der Kathedrale rein, sodass die Leitstelle um 22:36 Uhr erneut ihre Streifenwagen anfunkt.

»Wir hätten eine Hauerei auf der Domplatte, ungefähr 100 Personen.«

Der »Arnold 1145« meldet sich zurück – mit einem Satz, der die ganze Ohnmacht beschreibt. *»Nach wie vor sind da über 1000 Personen. Zu zweit können wir da wenig reißen.«*

Zwischen 20 und 7 Uhr im Laufe der Nacht gehen bei der Polizei für das gesamte Stadtgebiet mit 1,07 Millionen Bürgern sowie das benachbarte Leverkusen mit seinen 160 000 Einwohnern 1267 Notrufe ein. 549 dieser 110-Anrufe lösen einen der insgesamt 873 Einsätze aus, also Reaktionen, in denen Polizisten tatsächlich ausrücken. 53 Mal ist dokumentiert, dass der Bereich rund um den Hauptbahnhof direkt betroffen ist.

Einige der Hinweise, etwa harsche Aufforderungen von Anrufern, endlich Polizisten zu schicken, finden keinen Niederschlag im Einsatzsystem eCebius, wo alles Relevante dokumentiert werden soll. In rund fünf Prozent aller Fälle kamen Anrufer wegen Überlastung der Leitungen nicht durch.

Insgesamt gibt es rund 90 Anrufe, in denen auf solche Vorfälle in Dom- bzw. Bahnhofs-Nähe hingewiesen wird, über die nach der Silvesternacht weltweit gesprochen werden wird: rücksichtsloses Abfeuern von Raketen und Böllern, Umzingeln von Passanten, Begrapschen, sexuelle Nötigung, Beklauen – nicht selten auf brutale Weise.

Es melden sich Bürger und andere Helfer, Augenzeugen und schließlich auch Opfer. Einige schildern, wie sie vom Mob bedrängt, befummelt und beklaut wurden. Die Beamten in der Leitstelle werden Ohrenzeugen von Leid, Angst, Verzweiflung.

Marco S. führt in dieser Nacht als Dienstgruppenleiter die mit 13 Arbeitsplätzen komplett besetzte Leitstelle an. Damit ist er zu diesem Zeitpunkt der hochrangigste Polizist in der gesamten Stadt. Monate später wird er seine Sicht der Dinge zu Protokoll geben: »Ich hatte immer den Eindruck, es handelt sich dabei um eine wahllos zusammengetroffene Personengruppe im Bereich des Hauptbahnhofs, wo wirklich unverantwortliche Personen Feuerwerkskörper in die Menschenmenge schießen. Ich habe mir nichts dabei gedacht. Ich habe nicht erkannt, dass da irgendwie die Gefahr ist, dass da irgendwas eskalieren könnte.«

Als ihm vor dem Untersuchungsausschuss dazu kritische Fragen gestellt werden, sagt der Vater von zwei Kindern: »Sie kennen mich persönlich nicht. Meine Kollegen im Umfeld kennen mich als sehr sensiblen Mitarbeiter da oben. Und ich hätte es auch nicht für möglich erachtet, dass so was an mir vorbeigeht.«

Marco S. berichtet, dass er mit seinem Stellvertreter, dem Wachdienstführer Andreas S., im Anschluss ein »Kritikgespräch« wegen mangelhafter Kommunikation geführt habe. Und wie leid ihm alles tue. Er sei »überrollt« worden, sagt der 41-Jährige. »Ich denke sehr,

sehr oft darüber nach, was die Opfer da erleiden mussten, und auch, welche Dimension dieser Sachverhalt angenommen hat. Ich bin sehr, sehr erschüttert darüber.«

Im November 2016 zieht die Staatsanwaltschaft Köln eine Zwischenbilanz. Insgesamt sind bis dahin 1206 Strafanzeigen eingegangen, davon enthalten 509 den Vorwurf eines sexuellen Übergriffs – also von der Beleidigung auf sexueller Grundlage über sexuelle Nötigung bis hin zu versuchten oder vollendeten Vergewaltigungen. In rund einem Viertel der Gesamt-Anzeigen handelt es sich dabei um »Kombinationsdelikte«, also solche, die sowohl ein Eigentums- als auch ein Sexualdelikt beinhalten.

Gegen 326 Beschuldigte wurden Ermittlungsverfahren eingeleitet, davon gegen 83 – auch – wegen eines sexuellen Übergriffs.

Gegen 22 Beschuldigte ist Untersuchungshaft vollstreckt worden, in 34 Fällen wurde Anklage erhoben. Für fünf Täter sind Strafbefehle beantragt worden. Die mit Abstand meisten Beschuldigten vor Gericht stammen aus Algerien und Marokko, in Einzelfällen aus dem Irak, Tunesien und Libyen.

Die verhängten Strafen reichten von 480 Euro Geldstrafe für einen Diebstahl bis hin zu knapp zwei Jahren Haft wegen Raubs und gefährlicher Körperverletzung.

Die Gesamtzahl der in Strafanzeigen erfassten Opfer erstreckt sich laut Gutachter Rudolf Egg auf knapp 1000 Personen. Vor dem Amtsgericht Köln wurden lediglich zwei Täter wegen Sexualdelikten verurteilt, einmal wegen Beleidigung auf sexueller Grundlage und einmal wegen sexueller Nötigung. »Bei den anderen drei Beschuldigten hat sich der Tatvorwurf nach Durchführung der Hauptverhandlung nicht aufrechterhalten lassen«, so Oberstaatsanwalt Ulrich Bremer. Der Grund: »Fehlende Wiedererkennung durch Zeugen.«

In 28 Fällen ermittelt die Kölner Staatsanwaltschaft wegen Vergewaltigungsdelikten, allerdings gibt es in keinem einzigen einen Beschuldigten, Angeklagten, geschweige denn Verurteilten. Auch nicht im Fall von Sandra und ihren drei Freundinnen …

FALLAKTE 1 – DIE VERGEWALTIGUNG, DIE KEINE SEIN SOLLTE

»Im Dunkeln ist es besonders schlimm«, sagt Sandra. Wenn das Licht aus ist, sie das Mikrofon mit dem Sprachprozessor aus dem Ohr genommen hat und gar nichts mehr hört, wirken die Bilder besonders stark. Diese Albträume, die ständigen Gedanken. An die Gesichter, die Stimmen, das fiese Grinsen, die Hände am Körper. Hände, überall Hände.

Einen Menschen einfach in den Arm zu nehmen, daran war für Sandra bis vor Kurzem nicht zu denken. »Einen Zug besteige ich seit Silvester auch nicht mehr. Das Warten, das Umsteigen an einem Bahnhof, das halte ich nicht mehr aus.«

Eine mittelgroße Stadt im Süden Deutschlands im Sommer 2016: Hier ist Sandra mit ihren drei Brüdern bei ihren Eltern aufgewachsen. Es klingt nach einer guten, glücklichen Kindheit, wenn man der Familie so zuhört.

Trotz der Probleme. Sandra kommt 1996 zur Welt, taub. Es dauert drei Jahre, bis das überhaupt klar ist und sich für Sandra eine Chance auftut: In der nächstgelegenen Uni-Klinik wird ihr zunächst ein Cochlea-Implantat in das eine Ohr eingesetzt, zehn Jahre später wird das zweite folgen. Das ermöglicht ihr, das akustische Umfeld wahrzunehmen und sprechen zu lernen.

Nach der Silvesternacht ist Sandra wieder bei ihren Eltern eingezogen. Ihre Ausbildung zur Physiotherapeutin in der 350 Kilometer entfernten Stadt hat sie abbrechen müssen, weil sie zu lange fehlte und im Lernstoff nicht mehr nachkam. Zu schlimm waren die Gedanken und Albträume, die Momente, in denen sie ihre Mutter anrufen musste, nur wenn sie in der Stadt jemanden sah, der Ähnlichkeit mit den Tätern vom Hauptbahnhof hatte. Dunkle Haare, dunkle Augen, das reichte für einen unmittelbaren Panikausbruch.

Der Rückblick auf die Nacht, die ihr Leben in diese Richtung verändert hat, fällt Sandra auch Monate später sehr schwer.

Es ist die Nacht, in der ihr Leid »Fallakte 1« der Ermittler wird – und auch der Beginn einer Geschichte, die in der Folge eine ganze Landesregierung in Erklärungsnöte bringt.

Es ist die Geschichte einer Vergewaltigung, die keine sein sollte.

Es ist eine Geschichte, bei deren Protokoll man – wie auch an anderen Stellen in diesem Buch – Namen verändern und manche Angaben unklar halten muss, damit die Betroffenen nicht noch einmal zum Opfer werden. Zum zweiten oder dritten Mal. Es ist die Geschichte hinter Fallakte Nr. 1 aus der Kölner Silvesternacht.

23:45 Uhr, Alter Wartesaaal Köln.
Das 100 Jahre alte Gebäude mit den 4,80 Meter hohen stuckverzierten Decken an der Nordseite des Doms, direkt neben dem Hauptbahnhof, ist von außen in gelb-rotes Licht getaucht, herausgeputzt für eine der bekanntesten Party-Reihen Kölns, die auch schon von Schauspielern, Models oder Fußballstars wie Bastian Schweinsteiger besucht wurde. Der Alte Wartesaal ist seit jeher ein Inbegriff für Ausgehkultur. Schon in den 1980er-Jahren betrieb hier der Fernsehmoderator Alfred Biolek zusammen mit Weggefährten ein Restaurant.

Vor der Tür stehen in dieser Nacht junge Männer im Smoking, die Frauen in kurzen Kleidern. Auch Sandra, da noch 19 Jahre alt, hat sich mit ihren ein paar Monate jüngeren Freundinnen Milena, Julia und Elena auf den »schicken Dresscode« eingestellt, den die Einladung verlangt, »um Missverständnisse und Enttäuschungen an der Tür zu vermeiden«, wie die Veranstalter im Vorfeld noch extra angekündigt haben.

Die begehrten Tickets für je 35 Euro haben die vier per Post zugeschickt bekommen. Am Nachmittag sind die jungen Frauen aus Gießen, wo Milena seit Kurzem studiert, nach Köln gereist. Silvester in der Rheinmetropole, so haben sie es sich vorher sagen lassen, sei besonders spektakulär.

Nachdem sie vom Rheinufer in der Altstadt aus das Silvesterfeuerwerk angeschaut haben, gehen die Freundinnen noch einmal in ihr Apartment-Hotel, um ihre Winterjacken abzulegen – sie wollen sich das lästige Warten an der Garderobe sparen. Der Weg von dort zum Dom und dem dahinter liegenden Alten Wartesaal ist nicht weit, und doch wird er zum Horrortrip, den die vier wohl ein Leben lang nicht vergessen werden …

Duisburg, 1. Januar 2016, 14:36 Uhr.
Die ersten Tage des Jahres verbringt Ralf Jäger zu Hause. Auf dem Blackberry-Handy des nordrhein-westfälischen Innenministers ploppt eine Nachricht mit drei Ausrufezeichen neben der Betreffzeile »Vergewaltigung, Beleidigung auf sexueller Basis, Diebstahlsdelikte, Raubdelikte begangen durch größere ausländische Personengruppe« auf. Der Dienstgruppenleiter seines Lagezentrums, Marko L., hatte entschieden, dass der Minister über den Fall von Sandra, Vanessa, Milena und Julia informiert werden müsse, weil er eine »erhöhte politische Bedeutung« sah, einen »Sachverhalt, den wir so noch nicht hatten«. »WE-Meldung« nennt sich das. »Wichtiges Ereignis«, eingestuft als »Verschlusssache – Nur für den Dienstgebrauch«. Ralf Jäger liest:

»Im Rahmen der Silvesterfeierlichkeiten kam es auf dem Bahnhofsvorplatz in der Innenstadt zu insgesamt bislang bekannten 11 Übergriffen zum Nachteil von jungen Frauen, begangen durch eine 40-

bis 50-köpfige Personengruppe. Die Frauen wurden hierbei von der Personengruppe umzingelt, oberhalb der Bekleidung begrapscht, bestohlen, und Schmuck wurde entrissen. In einem Fall wurden einem 19-jährigen deutschen Opfer Finger in die Körperöffnungen eingeführt. Die Tätergruppe wurde einheitlich von den Opfern als Nordafrikaner im Alter zwischen 17 und 28 Jahren beschrieben. Die Ermittlungen dauern an. Von weiteren Anzeigenerstattungen im Laufe des Tages ist auszugehen. Es wird nachberichtet.«

Erstmals wird damit in Deutschland der politischen Führung bekannt, dass riesige Männergruppen massiv gegenüber Frauen sexuell übergriffig wurden.

Wolfgang Albers, der damals noch Polizeipräsident von Köln ist, erfährt davon ebenfalls am 1. Januar zu Hause. Der 60-Jährige wird später zu Protokoll geben, dass ihm schnell klar gewesen sei, dass durch Veröffentlichung dieser Schilderungen »das ganz erhebliche politische Auswirkungen auf die Einschätzung der Flüchtlings- und Integrationspolitik hat. Dessen war ich mir sehr wohl bewusst.«

Ralf Jäger, der sich auch ein Jahr nach den schrecklichen Ereignissen rechtfertigen muss, warum er und Ministerpräsidentin Hannelore Kraft (SPD) tagelang zu den Ereignissen schwiegen, wird allerdings über die Meldung sagen: »So schockierend der Inhalt dieser Nachricht war, so sehr ragt sie aber bedauerlicherweise aus den WE-Meldungen, die ich bekomme, nicht heraus.« Allerdings, so betonte Jäger schon im Januar öffentlich: »Ich habe eine 23-jährige Tochter und eine Ehefrau. Wenn ich mir vorstelle, dass einer von beiden Ähnliches passieren würde, da kann man wirklich nur die kalte Wut bekommen.«

Als der 55-Jährige vier Monate später im Untersuchungsausschuss zur Silvesternacht erneut seine Familie ins Feld führt, veröffentlicht die *Süddeutsche Zeitung* einen Kommentar, der dem Minister ganz persönlich gilt: »Weil es aber nicht seine Tochter war und nicht die Frau, hat der Minister die Meldungen weggedrückt. Es war da keine kalte Wut: Es hat ihn kaltgelassen.«

Ein Telefonat ein halbes Jahr nach der Silvesternacht:
»Wenn ich den Herrn Jäger schon sehe … und erst reden höre …« Sandras Vater muss sich hörbar zusammenreißen, wenn der Name fällt. Der besonnene Mann fühlt sich getäuscht, gerade vom Innenminister. Er denkt schon länger über eine Klage gegen die Landesregierung nach. Der Vorwurf: Die Behörden hätten im Vorfeld ganz anders warnen müssen über die wahre Gefahrenlage in Köln, die schon lange bekannt gewesen sei.

In der Tat ist die Gegend um den Hauptbahnhof zu einem Kriminalitätsbrennpunkt in Deutschland geworden, was nicht zuletzt an jungen Männern aus Algerien, Marokko und Tunesien liegt, die immer öfter, immer brutaler etwa als »Antänzer« Diebstahls- und Raubdelikte begehen. Als im Januar 2016 im Innenausschuss des Landtags zur Sprache kommt, dass in einem Kölner Analyseprojekt zur »Nafri«-Szene allein seit 2013 21 000 Daten zu Straftaten und zu 17 000 Personen nordafrikanischer Herkunft gespeichert seien, sind die Abgeordneten fassungslos. Auch sie fühlen sich hinters Licht geführt.

Sandras Vater sagt: »Hätte ich nur annähernd gewusst, was in Köln mit diesen Menschen los ist, hätte ich meine Tochter nicht dorthin gelassen.«

Köln, 1. Januar, 0:50 Uhr:
Sandra packt ihr Smartphone, ihr Parfüm, die EC-Karte, ein wenig Bargeld, ihren Personal- und ihren Behindertenausweis in die schwarze Umhängetasche. Vom Hotel aus geht sie mit Milena, Julia und Elena über die Domplatte Richtung Wartesaal. In Höhe des Fotogeschäfts oberhalb der Treppe zum Bahnhofsvorplatz versuchen sie, durch eine dicht gedrängte Menge von 100, vielleicht 200 Männern zu kommen.

Genau diesen Bereich oberhalb der Domtreppe bezeichnen die Zivilbeamten der Bereitschaftspolizei für die Zeit nach Mitternacht als »rechtsfreien Raum«, als sie ihren »Erfahrungsbericht« verfassen. Sie selbst werden mit Flaschen und Böllern beworfen. Polizeikommissarin Stefanie S., an Silvester 24 Jahre alt, erleidet dabei ein Hämatom am rechten Oberschenkel. »Die Personen grölten in arabischer Sprache und schienen sich über den ›Treffer‹ zu freuen«, schreiben die Zivilbeamten. Und um 0:30 Uhr wird die junge Beamtin selbst begrapscht, »mehrfach sexuell genötigt«, wie es heißt. Ihre geraubte Handtasche kann sie dem Täter wieder entreißen.

In der Anzeige, die Stefanie S. nach einem Gespräch mit ihrem Chef erstatten wird, steht: »*Die Unterzeichnerin drehte sich sofort um, es war jedoch aufgrund der Vielzahl an ähnlich aussehenden Männern keine Identifizierung der Täter möglich. Aufgrund des Standpunktes der Beamten inmitten der Menge war es nicht möglich, eine genaue Anzahl der Tätergruppe zu definieren. Uniformierte Kräfte waren zu keiner Zeit in der Nähe und waren in anderen Aufgaben gebunden.*«

Die Gruppe um Sandra wird geschubst, getrennt. Sandra nimmt über das Hörgerät das Johlen und Feixen inmitten der Silvesterböller war. Die Mädchen werden am ganzen Körper befummelt, ihre Strumpfhosen zerrissen. Sie schreien, flehen um Hilfe. An Sandras Tasche, die sie auf der rechten Schulter trägt und die Tage später – entleert um Smartphone und Geld, aber glücklicherweise noch mit Personalausweis – ein Obdachloser in einer Mülltonne unweit des Doms finden wird, wird mit Gewalt gezerrt. Die Träger reißen.

Das Polizeiprotokoll der Ermittlungsgruppe »Neujahr« vermerkt: »*Bei allen versucht, Finger in Scheide einzuführen, misslang wegen Strumpfhose. Alle wurden an der Brust und ans Gesäß gefasst. Einer Geschädigten wurden Finger eingeführt.*«

Sandra kann sich losreißen, sucht nach ihren Freundinnen, rennt zum nächsten Polizeifahrzeug. »Die haben geweint, die waren aufgelöst«, erinnert sich Oliver P., Führer des zweiten Einsatzzugs, vor dem Untersuchungsausschuss an diesen Moment. Plötzlich entdeckt sie Elena, aber Julia und Milena sind noch in den Fängen des Mobs. Erst ein Polizist kann ein Mädchen rausziehen, das andere befreit ein zupackender Passant. »Es war ein Ausländer, der half«, sagt Sandra.

Nach schier endlos wirkenden Minuten sind die Mädchen wieder zusammen und am Boden zerstört. Polizeikommissarin Sonja E.

kümmert sich um die vier. Die Dienststelle der Polizeiinspektion 1 ist da schon völlig überlastet, mindestens 20 Opfer warten im Vorraum. Aber auch auf der Bahnhofswache, so erinnert sich Sandra, seien »überall weinende Mädchen und Frauen« gewesen. Ein Polizist habe ihr dort gesagt: »Gegen solche Taten kann man nichts machen. Das passiert hier in Köln ständig.«

Sandra: »Als wir sagten, wir wollten sofort in den Zug nach Hause, antwortete er: ›Das ist zu gefährlich, ihr bleibt die Nacht noch im Hotel‹. Ich sagte: ›Alleine gehen wir da nicht hin.‹ Er meinte: ›Wir dürfen nicht mitkommen‹.« Erst der Chef habe nach einer Diskussion sein Okay zum Geleitschutz gegeben.

Um 2:26 Uhr unterzeichnet Polizeikommissarin E. die Strafanzeige und informiert die Kriminalwache.

Doch erst am anderen Morgen, als sich die Mutter von Julia gegen kurz vor zehn bei der Polizei meldet und berichtet, was sie gerade am Telefon von ihrer Tochter erfahren hat, fahren Beamte in das Hotel der Mädchen, um die Kleidung wegen möglicher DNA-Spuren der Täter zu sichern. Ein Mädchen wird gynäkologisch untersucht. »Fallakte Nr. 1« wird angelegt.

1. Januar, gegen 13:30 Uhr in Köln-Kalk:

Im KK 62, der Kriminalwache im Polizeipräsidium, klingelt kurz vor dem Schichtwechsel das Telefon von Dienstgruppenleiter Jürgen H. Es meldet sich, so erinnert sich der erfahrene Beamte, ein Mitarbeiter der Landesleitstelle in einem »sehr schroffen, in seinem sehr barschen Ton«.

»Das sind doch keine Vergewaltigungen. Diesen Begriff streicht ihr. Ihr storniert die WE-Meldung und schreibt die am besten ganz neu«, sagt der Anrufer laut H. Dies sei ein »Wunsch aus dem Ministerium«. Kriminalhauptkommissar H. weigert sich, bleibt dabei, dass es Vergewaltigungen sind. Das Telefonat endet, die Meldung wird nicht verändert.

7. April, Düsseldorf, Landtag:
Am Tag zuvor hat der Kölner *Express* über den brisanten Anruf bei der Polizei berichtet, Innenminister Jäger steht erneut unter Druck, muss vor den Abgeordneten des Innenausschusses Rechenschaft ablegen. Gab es gar eine Anweisung zur Vertuschung von ganz oben? Schon seit drei Monaten war in seinem direkten Umfeld der Einmischungsversuch bekannt, doch nachgegangen ist ihm offenbar niemand. Inzwischen sind wichtige Nachweise über Telefonverbindungen gelöscht, E-Mails rätselhafterweise nicht mehr auffindbar. Die Frage, die sich nicht nur die Opposition stellt: Soll sogar der Vertuschungsversuch noch vertuscht werden?

Als der Artikel erscheint, beeilt sich Jäger sofort, alles zurückzuweisen. Einen solchen Anruf habe es überhaupt nie gegeben, das habe sogar die Kölner Polizei so berichtet. Eine Aussage, die er später unter Wahrheitspflicht wiederholt. Kam nicht erst der Bericht über das Telefonat überhaupt von der Polizei?

Noch bevor der Minister das Landtagsgebäude verlässt, relativiert er seine Aussage bereits wieder. Einem Kamerateam des WDR bestätigt er nun zumindest ein konkretes Telefonat und behauptet, es sei darum gegangen, die Vergewaltigung deliktisch einzuordnen. »Das ist nicht so klar im Strafgesetzbuch geregelt, sondern es gibt Nuancen, und dann geht es natürlich darum, das möglichst präzise in einer solchen Meldung zu formulieren, welcher Straftatbestand vermutlich zutrifft, und das ist offensichtlich erörtert worden«, behauptet Jäger.

Es sind Sätze, die nicht nur von Kennern des Sexualstrafrechts als blanker Unsinn zurückgewiesen werden, weil das Eindringen in den Körper völlig unstreitig eine Vergewaltigung darstellt, sondern bei Betroffenen Unverständnis und Wut auslösen. Sandras Vater nennt sie schlicht »einen Skandal«. Und schiebt gleich hinterher: »Ich war immer ein politisch interessierter Mensch. Das Vertrauen in die Politik habe ich nach der Silvesternacht verloren.«

Wochen später legt sich nun Jäger wieder ganz anders fest: »Bei dem Sachverhalt, der da geschildert wurde, handelt es sich ohne jeden Zweifel um eine Vergewaltigung.«

Im Strafgesetzbuch steht:

»In besonders schweren Fällen ist die Strafe Freiheitsstrafe nicht unter zwei Jahren. Ein besonders schwerer Fall liegt in der Regel vor, wenn

1. der Täter mit dem Opfer den Beischlaf vollzieht oder ähnliche sexuelle Handlungen an dem Opfer vornimmt oder an sich von ihm vornehmen lässt, die dieses besonders erniedrigen, insbesondere, wenn sie mit einem Eindringen in den Körper verbunden sind (Vergewaltigung), oder

2. die Tat von mehreren gemeinschaftlich begangen wird.«

Es liest sich, als wäre der Paragraf 177 für die Silvesternacht geschrieben worden …

DER MINISTER GEHT AUF DIE POLIZEI LOS

Ralf Jäger gerät in den Wochen und Monaten des neuen Jahres immer wieder unter massiven Beschuss. Der Minister entscheidet sich bei der Schuldzuweisung für eine Doppelstrategie: In den ersten Tagen nach der Silvesternacht sucht er schnell die Verantwortung bei der Kölner Polizei, wirft den eingesetzten Beamten in einer Sondersitzung des Innenausschusses im Landtag massive Fehler vor.

Ein erster Bericht, den Jägers Haus am 11. Januar der Öffentlichkeit präsentiert, hat die Schuldigen jedenfalls komplett in Köln ausgemacht. Es heißt etwa: »Die Einschätzung des PP Köln am Einsatztag, mit den vorhandenen Kräften polizeiliche Maßnahmen umfassend durchführen zu können, wird als gravierender Fehler bewertet. Durch die fehlende Anpassung der Kräftelage auf die sich für die Polizei neu darstellende Situation der teilweise völligen Enthemmung der Männergruppen hatte die Polizei keinerlei Kontrolle über die Lage und konnte quasi vor und unter ihren Augen nicht vermeiden, dass Frauen sexuell geschädigt und bestohlen bzw. beraubt wurden. Dadurch wurde das Ansehen der Polizei bei den Geschädigten und im Anschluss bei der breiten Öffentlichkeit erheblich beeinträchtigt und geschädigt.«

Als Ralf Jäger für diese einseitige Schuldzuweisung den Gegenwind aus den Reihen der Polizei spürt und von den führenden Polizeigewerkschaftern öffentlich hart angegangen wird, schaltet der Minister wieder um.

»Ich finde, keinem der eingesetzten Beamtinnen und Beamten – weder von der Kölner Polizei noch von der Bundespolizei, die ich ausdrücklich hier mit einbeziehe – kann der Vorwurf gemacht werden, an diesem Abend Fehler begangen zu haben«, sagt Jäger plötzlich während der nächsten Sitzung des Innenausschusses, nur zehn Tage nach seinem ersten Rundumschlag.

Alle völlig fehlerfrei? Schon bald wird sich herausstellen, dass diese Kehrtwende hin zu einer pauschalen Inschutznahme nicht haltbar ist – zu viele Details über falsche Einschätzungen und Fehlentscheidungen kommen ans Tageslicht. Auch Jäger wird sich, je nach politischer und medialer Wetterlage des Tages, wieder darauf konzentrieren, die Fehler in Köln zu suchen.

Mit einem seiner zentralen Kritikpunkte über den Einsatzverlauf trifft der Innenminister allerdings tatsächlich auch einen entscheidenden Punkt. Der Minister moniert über den Verlauf der Nacht ein komplettes Kommunikationsversagen: »Einige wussten immer einiges, aber keiner alles – und das bis in die Morgenstunden des Neujahrsmorgens.«

»Eine Respektlosigkeit, wie ich sie in 29 Dienstjahren noch nie erlebt habe«

Am Tag vor dem Jahreswechsel ist es wieder besonders anstrengend in Rosenheim, Freilassing und Passau. 3971 Migranten stellt die Bundespolizei insbesondere an der deutsch-österreichischen Grenze bei der Einreise während dieser 24 Stunden fest, an Silvester selbst sind es 3527. »Wir haben sie kontrolliert, registriert und zum Teil auch transportiert«, sagt der Präsident des Bundespolizeipräsidiums, Dieter Romann.

Seit Monaten stehen seine Beamten unter Strom. 1800 Bundespolizisten aus ganz Deutschland sind am 31. Dezember an der bayerischen Grenze im »Migrationseinsatz«, wo auch ein riesiges Equipment aufgebaut wird, um die Logistik für die Ankunftszentren sowie die Kontrollen sicherzustellen. Dazu gehören auch Lichtmasten, die eigentlich den Bahnhofsvorplatz in der Silvesternacht ausleuchten sollten, um Straftaten besser erkennen zu können.

Drei Beweissicherungs- und Festnahmeeinheiten (BFE) mit je knapp 50 Polizisten stehen den Einsatzplanern von Dieter Romann für den Jahreswechsel 2015/2016 noch zur Verfügung. Nach der GSG 9 sind diese Einheiten während der Wochen nach dem Terror von Frankreich die robustesten Truppen, auf die der Präsident der Bundespolizei zurückgreifen kann.

Eine der BFE wird am frühen Abend des 31. Dezember von Blumberg nach Berlin verlegt, »um für den Fall von Attacken auf die Silvesterfeierlichkeiten am Brandenburger Tor schnell präsent zu sein«, wie Romann in einer nichtöffentlichen Sitzung des Bundestags-Innenausschusses sagt. Die zweite erhält einen Auftrag für den Hauptbahnhof in Hamburg, »einem der klassischen Zentren für derartige Unruhen«. Und bei der dritten BFE habe man im Vorfeld lange überlegt, ob man sie nach München (wo es in der Nacht selbst noch zu einem Terroralarm kommen sollte, der die ganze Stadt lähmen würde) oder eben nach Köln schicken sollte, so Romann.

Der Staatssekretär im Bundesinnenministerium, Ole Schröder (CDU), wird von einem »richtigen polizeilichen Riecher« sprechen, aber auch einräumen, dass »Glück« dabei war, dass die Einheit schlussendlich in der Domstadt eingeplant wurde. »Hätte man sie nach München verlegt, hätte sich wegen der dortigen Terrorlage niemand beschweren dürfen«, sagt auch Romann.

Als Bernd N. am Nachmittag des 29. Dezember erfährt, wo er nun mit seinen Leuten den Jahreswechsel verbringen wird, geht er bereits davon aus, dass es in Köln brisanter werden würde als sonst. Im Jahr zuvor hatte der Chef von »Anker 920«, wie die robuste Truppe im Funkverkehr heißt, dort privat gefeiert und besonders das Chaos aus Böllern und Raketen auf der Hohenzollernbrücke erlebt. Dennoch: N. ist äußerst erfahren, hat in knapp 30 Jahren schon so manchen heftigen Einsatz erlebt: »G8 in Heiligendamm, Mai-Krawalle, Schanzenviertel in Hamburg, Castortransporte«, wie er berichtet.

Als sich Bernd N. aber nach 21 Uhr mit seiner 49 Köpfe starken Einheit, die den harten Kern der insgesamt 67 Bundespolizisten im Kölner Hauptbahnhof bilden sollte, ausgestattet mit fester Schutzkleidung, schusssicherer Weste und MP5-Maschinengewehren, auf den gerade Mal 35 Kilometer langen Weg von der Dienststelle in Sankt Augustin bei Bonn Richtung Norden macht, ahnt er nicht, was er in dieser Nacht noch erleben wird.

Schon auf der Anfahrt über die Rheinuferstraße, ganz in der Nähe des Bahnhofs, so erzählt es Bernd N., seien er und seine Kollegen alarmiert worden. »An roten Ampeln wurden wir schon von Passanten angesprochen, dass die Lage auf dem Vorplatz nicht mehr schön sei, dass es dort zu Übergriffen an Passanten mit Diebstählen gekommen wäre und dass Feuerwerkskörper hin und her geschossen würden. Kinder und Frauen, die am Straßenrand standen, waren auch schon am Weinen«, erinnert sich N.

Um 21:52 Uhr meldet er per Funk die Ankunft am Bahnhof. Es beginnt ein Einsatz, der für N. zehn Tage später zu einem persönlichen Treffen mit Bundesinnenminister Thomas de Maizière am Kölner Flughafen führen wird. Es wird eine Nacht, die N. dazu bringt, am 4. Januar einen »Einsatzerfahrungsbericht« an Kollegen zu verschicken, der an Schonungslosigkeit, Ehrlichkeit und lesbarer Wut kaum zu überbieten ist.

Er umfasst vier Seiten, die so authentisch sind, dass sie keine Woche nach der Silvesternacht den Weg in die Öffentlichkeit finden – finden müssen an Tagen, in denen sich offenkundig einige Knoten der öffentliche Debatte zu lösen scheinen. Zeitungen drucken Auszüge mit Überschriften wie »Geheimdokument zeigt Hilflosigkeit der Beamten«, die Debatte enthält eine neue Schärfe.

»Das hat er sich von der Seele geschrieben«, wird Minister de Maizière Ende Oktober 2016 sagen. »Das ist ein sehr wichtiges Dokument, um die Stimmung in der Nacht zu erfassen.«

Der Text sei nicht für die Öffentlichkeit bestimmt gewesen, sagt Bernd N., auch, weil er einige Rechtschreibfehler enthalte. Aber auch diese sind Ausdruck des Erlebten, und so empfiehlt sich ein – zumindest nahezu – kompletter Abdruck im Original-Wortlaut:

> *»Am Vorplatz (Domprobst-Ketzer-Str.) angekommen, wurden unsere noch nicht abgestellten Fahrzeuge mit Böllern beworfen. Am Vorplatz und der Domtreppe befanden sich einige tausend meist männliche Personen mit Migrationshintergrund, die Feuerwerkskörper jeglicher Art und Flaschen wahllos in die Menschenmenge feuerten bzw. warfen.*
>
> *Am Parkraum angekommen, liefen viele aufgewühlte Passanten auf die Einsatzkräfte zu und berichteten u.a. über die oben beschriebenen Zustände und über Schlägereien, Diebstählen, sex. Übergriffen an Frauen usw.*
>
> *Die Einsatzkräfte befanden sich somit sofort in pol. Maßnahmen. Selbst das Erscheinen der Polizeikräfte und getroffene Maßnahmen hielten die Massen nicht von Ihrem tun ab, sowohl vor dem Bahnhof wie auch im Bahnhof Köln.*
>
> *Gegen 22.45 Uhr füllte sich der gut gefüllte Bahnhofsvorplatz und Bahnhof weiter mit Menschen mit Migrationshintergrund. Frauen mit Begleitung oder ohne durchliefen einen im wahrsten Sinne »Spießroutenlauf« durch die stark alkoholisierten Männermassen, wie man es nicht beschreiben kann.*
>
> *Da der nicht sachgemäße massive Pyrogebrauch in Form von werfen und abschießen in die Menschenmenge zunahm, kontaktierte mich der Zugführer der Landespolizei PHK O.*
>
> *Wir kamen beide zu dem Entschluss, dass die uns gebotene Situation (Chaos) noch zu erheblichen Verletzungen wenn nicht sogar zu Toten führen würde. Der zuständige Hundertschaftsführer*

PHK M. war nun vor Ort und bestätigte unsere Beurteilung der Lage.
Nach Rücksprache mit der Gesamteinsatzleitung der Landespolizei entschlossen wir uns aufgrund der erheblichen Gefährdung aller Personen und Sachen, den Bereich der Domtreppe über den Bahnhofsvorplatz in Richtung Domprobst-Ketzner-Str. zu räumen.

(...) Im Verlaufe der Räumung wurden die Einsatzkräfte Land und Bund immer wieder mit Feuerwerkskörpern beschossen und mit Flaschen beworfen.
Aufgrund dieser Situation unterstützen wir neben der Absperrung die Räumung des Einsatzraumes mit massivem Zwangseinsatz in Form von einfacher körperlicher Gewalt. Erschwerend bei der Räumung neben der Verständigung waren die körperlichen Zustände der Personen aufgrund des offensichtlichen massiven Alkoholgenusses und anderer berauschender Mittel (z. B. Joint). (...)
Im Einsatzverlauf erschienen zahlreiche weinende uns schockierte Frauen/Mädchen bei den eingesetzten Beamten und schilderten von sex. Übergriffen durch mehrere männliche Migranten/ -gruppen. Eine Identifizierung war leider nicht mehr möglich (siehe Punkt 8 u.a.)
Die Einsatzkräfte konnten nicht allen Ereignissen, Übergriffen, Straftaten usw. Her werden, dafür waren es einfach zu viele zur gleichen Zeit.
Aufgrund der Vielzahl der o.a. Taten beschränkten sich die Einsatzkräfte auf die Lagebereinigung mit den notwendigsten Maßnahmen. Da man nicht jedem Opfer einer Straftat helfen und den Täter dingfest machen konnte, kamen die eingesetzten Beamten an die Grenze zur Frustration. Zu spitzen Zeiten war es den eingesetzten Kräften nicht möglich angefallene Strafanzeigen aufzunehmen.
Neben den oben geschilderten Situationen kamen noch folgende Ereignisse/Vorfälle, die hier nicht alle aufgeführt werden, hinzu:

1. Zerreißen von Aufenthaltstiteln mit einem Grinsen im Gesicht und der Aussage: »Ihr könnt mir nix, hole mir Morgen einen Neuen.«
2. »Ich bin Syrer, ihr müsst mich freundlich behandeln! Frau Merkel hat mich eingeladen.«
3. Platzverweise wurden meist mit Zwang durchgesetzt. Betreffende Person tauchten immer wieder auf und machten sich einen Spaß aus der Situation.
Ein Gewahrsam kam in dieser Lage aufgrund der Kapazitätsgrenze in der Dienststelle nicht in Betracht.
4. Bahnsteigsperrung aufgrund der Überfüllung.
Reaktion: auf den Nebenbahnsteig, über das Gleis auf den überfüllten/abgesperrten Bahnsteig.
Dies führte zu Gleissperrung da sich Personen im Gleis befanden, welche die Situation auf den Bahnsteigen nicht entschärfte
5. Zustieg in die Züge nur über körperlichen Auseinandersetzungen – Recht des Stärkeren
6. Im ganzen Bahnhof überall »Erbrochenes« und Stellen die als Toilette genutzt wurden.
7. Viele männliche Personen (Migranten) die ohne Reisabsichten in allen Bereichen des Bahnhofes ihren Rausch ausschliefen (Bankschalter, Warteraum usw.)
8. Wurden Hilferufe von Geschädigten wahrgenommen wurde ein Einschreiten der Kräfte durch herumstehende (Mitglieder?) z. B. durch verdichten des Personenringes/ Massenbildung daran gehindert an die Betreffenden (Geschädigte/Zeugen/Täter) zu gelangen.
9. Geschädigte/Zeugen wurden vor Ort, bei Nennung des Täters bedroht oder im Nachgang verfolgt.
usw.

Aufgrund der ständigen Präsenz der Einsatzkräfte und aufmerksamer Passanten im Bahnhof, konnten vollendete Vergewaltigungen verhindert werden. Auffällig war zu dem die sehr hohe An-

zahl an Migranten innerhalb der polizeilichen Maßnahmen der Landespolizei und im eigenen Zuständigkeitsbereich. Maßnahmen der Kräfte begegneten einer Respektlosigkeit wie ich sie in 29 Dienstjahren noch nicht erlebt habe (…).«

Bloß keine zweite Loveparade!

Es ist kurz nach halb acht am Silvesterabend, als ein E-Post-Schreiben des Bundeskriminalamts in Wiesbaden die Drähte zwischen BKA, Bundesnachrichtendienst, Verfassungsschutz und Bundespolizei bis um drei Uhr morgens glühen lässt. Die Behördenchefs und ihre Berater überlegen, was zu tun ist. Etwa: Soll die GSG9 per Hubschrauber Richtung Süden gebracht werden?

Worum es in den streng geheimen Gesprächen geht, erfährt die Öffentlichkeit um 22:40 Uhr über den Twitter-Account des Polizeipräsidiums München. Die Nachricht versetzt die bayerische Landeshauptstadt bis zum Neujahrstag in Aufruhr: *»Aktuelle Hinweise, dass in #München ein Terroranschlag geplant ist. Bitte meidet Menschenansammlungen und die Bahnhöfe Hauptbahnhof + Pasing.«* In den sozialen Medien brennt von da an die sprichwörtliche Luft, die Angst ist auch außerhalb Bayerns greifbar. Hunderttausende verfolgen über ihre Smartphones die Entwicklungen.

Zur gleichen Zeit ist gerade im dritten Stock der Kölner Polizeiinspektion 1 die letzte von drei Besprechungen unter der Leitung von Günter R. zu Ende gegangen – und der Polizeiführer will nun selbst »in die Fläche« gehen. »Ich bin selber dann rausgefahren und habe mir die Hotspots in Köln angesehen. Ich wollte also alles mal gesehen haben, wo üblicherweise diese ganzen Feiern stattfinden, wo dann mit übermäßigem Besucherverkehr zu rechnen ist. Das sind in der Regel die Ringe, das Zülpicher Viertel und die Altstadt. Die bin ich dann mit meiner Crew, also mit der Fahrerin und meinem Assistenten, abgefahren«, erinnert sich R. vor dem Untersuchungsausschuss.

Parallel macht sich Silke F. mit einem Dutzend Kollegen aus der Altstadt mit den vielen Kneipen, aber zu dieser Zeit noch mit wenig Feiernden auf den Weg Richtung Dom, um bei der gemeldeten Massenschlägerei vor dem Hauptportal einzuschreiten. Doch die hatte sich schon aufgelöst. Stattdessen erhält die Gruppenführerin des 2. Zugs erstmals eine Ahnung von den Geschehnissen rund um den Hauptbahnhof. »Die Situation, die sich mir dargeboten hat, als wir vom Roncalliplatz in Richtung Domplatte gegangen waren, war zu vergleichen mit einem Vorhang, der sich aufgezogen hat«, sagt die 39-Jährige. »Das erste Bild, das ich hatte, war eine männliche Person, die kopfüber in eine Rakete guckte, die gezündet war. Und das war der Augenblick, wo ich gedacht habe: Wo bist du hier gelandet? Was ist hier los?«

Von der anderen Seite nähert sich derweil Hundertschaftsführer Thorsten M., der gerade aus den Einsatzbesprechungen mit R. sowie den Kollegen kommt, dem Bahnhofsvorplatz mit dem Auto der Führungsgruppe. Als er von der Dompropst-Ketzer-Straße in Richtung des Platzes eingebogen sei, habe ihn »der Schlag getroffen«, sagt der 46-Jährige. Aus seiner Sicht fehlten der deutschen Sprache eigentlich »geeignete Worte«, das zu beschreiben, was er gesehen habe.

Thorsten M. versucht es dennoch: »Es war eine unglaubliche Geräuschkulisse, ein Gejohle, ein Geschreie, immer wieder hörte man auch Glas zerbrechen, es wurde Pyrotechnik gezündet, dem Vernehmen nach von der Geräuschkulisse her sowohl legale wie auch illegale pyrotechnische Erzeugnisse. Die wurden in Personengruppen gezündet, die wurden auf Personengruppen geschossen, geworfen. Also gegenseitig hat man sich da beworfen, beschossen, immer wieder Riesengejohle. Und es schien so, als wären diese Leute da komplett enthemmt.« M. bezeichnet die jungen Männer in der Masse als »Derwische, die in einer komplett anderen Metaebene sind, komplett weg von dieser Welt«.

BFE-Chef Bernd N., der im Bahnhof längst ebenso zugedröhnte Personen wahrnimmt und ein immer stärkeres Gedränge auch innerhalb des Gebäudes schildert, sucht auf dem Platz das Gespräch mit

Thorsten M.. Es ist kurz vor 23 Uhr. Die Entscheidung der beiden fällt sofort: Es muss was passieren, und zwar schnell.

Landespolizist M. fürchtet, dass der eigentliche Jahreswechsel um 24 Uhr mit dem richtigen Feuerwerk »wirken könnte wie noch mal so ein Wind, der ins Feuer geht und es noch mal zum Lodern bringt«. Wohin eine Massenpanik führen kann, das hat der Polizeiführer, der seit 1988 im Dienst ist und seit 2000 bei der Bereitschaftspolizei, selbst fünfeinhalb Jahre zuvor aus allernächster Nähe und in größter Tragik erfahren müssen, als er bei der Loveparade-Katastrophe 2010 in Duisburg mit 21 Toten und 541 Verletzten eingesetzt war. Auch jetzt fürchtet M. »schwer verletzte Personen, vielleicht sogar Tote«, wie er später aussagen wird.

Gemeinsam mit seinen Zugführern Oliver P. und Karl-Josef O. lassen M. und N. Gesamteinsatzleiter Günter R. rufen. Als »Joe Bombe« eintrifft und noch die Lage vor Augen hat, als er sich vor Dienstantritt auf dem Platz von seiner Tochter verabschiedet hatte, fühlt auch er sich völlig überrollt. »Etwas Vergleichbares gab es bei uns noch nicht. Wir hatten eine gewisse Menge nordafrikanischer Bürger da, aber dass die sich in so kurzer Zeit – diese 400 – verdreifachen, dafür gab es keine Anhaltspunkte. Ich habe das so noch nie gesehen und keiner meiner Kollegen«, blickt er Monate später zurück.

R. entscheidet nun: Alle verfügbaren Kräfte von Bund und Land zum Hauptbahnhof – es wird geräumt!

Als die Taxen entfernt sind, der Bahnhofseingang versperrt und der Lautsprecherwagen oberhalb der Domtreppe postiert ist und die Polizisten ihre schwere Schutzausrüstung mit den Helmen übergezogen haben, greift Günter R. zum Handy, um über die Leitstelle den hierarchisch höchsten Polizisten, Marco S., zu informieren.

R. nimmt wie so viele Beamte in dieser Nacht und bei anderen Einsätzen das Mobiltelefon, obwohl diese Kommunikation eigentlich per Verordnung untersagt ist. Ein Grund für das Verbot ist, dass diese Telefongespräche nicht sauber für die Nachbereitung dokumentiert werden können. Aber, so schildern es nahezu alle Praktiker,

Handy-Gespräche seien einfach bequemer, weil direkter und besser verständlich.

Und Günter R. bleibt während des Einsatzes auch kaum eine andere Wahl: Einen gemeinsamen digitalen Funkkanal von Landes- und Bundespolizei gibt es nicht – selbst an dieser wichtigen Schnittstelle von Zuständigkeiten an einem der wichtigsten Bahnhöfe des Landes. Außerdem: Das Funknetz der Kölner Polizei ist mehrfach überlastet.

Als R. aber eine knapp halbe Stunde vor dem Countdown nun die Leitstelle informieren will, ist auch das Mobilfunknetz schon kollabiert. Schließlich, kurz vor der Räumung, erreicht R., Funkname 11/23, über den Hauptfunkkanal doch noch die Kollegen im Polizeipräsidium auf der anderen Rhein-Seite. Exakt 29 Sekunden dauert der Kontakt.

23:31 Uhr
R.: »Anruf an alle, 1123!«
Leitstelle: »Kommen!«
R.: »Was für den DGL (Dienstgruppenleiter Marco S., Anm.) von euch. Wir kommen im Funknetz hier, äh, im Mobilfunknetz nicht mehr durch. Also wir werden jetzt in Kürze anfangen, die Treppe am Dom zum Bahnhof hin zu räumen und den Platz auch. Die Sicherheitslage ist sonst nicht mehr haltbar …«

»Sie pitschten uns in den Schritt«

Günter R. betont, dass er zwar zum Zeitpunkt seiner Entscheidung, den Bahnhofsvorplatz zu räumen, einen enthemmten Mob festgestellt habe, aber von den widerlichen sexuellen Übergriffen, über die nach der Silvesternacht geredet wurde, habe er zu dieser Zeit nichts mitbekommen. »Für uns war eine Chaoslage da, also eine Lage, wo Menschen sich selber gefährdet haben, aber dass in dem Maße andere

Menschen, fremde Menschen, geschädigt wurden – diese Lage gab es für uns nicht«, sagt er. »Da ging es wirklich nur darum, die Leute vor sich selber zu schützen, die in kleinere Gruppen zu zersprengen, damit die nicht irgendwann mal durch irgendein Ereignis, was wir nicht kontrollieren können, was vielleicht auch von außen kommt, in so eine absolute Massenpanik geraten. Das geht sehr schnell, und dann hätten wir Tote gehabt.«

Erst gegen ein Uhr, als er der Wache in der Stolkgasse einen Besuch abstattet, um sich mit seinen Kollegen auszutauschen, will der Einsatzleiter mitbekommen haben, dass etwas anders sei. Er habe dort im Vorraum sehr viele Menschen gesehen. »Da waren auch weinende Frauen dabei, wie ja beschrieben wurde. Und ich bin dann sofort zu meinen Kollegen gegangen und habe gesagt: ›Ist verdammt voll, was ist denn da los?‹ Und dann haben die gesagt: ›Die meisten hier sind bestohlen worden, aber wir haben noch eine neue Masche. Da sind zwei Anzeigenerstatterinnen dabei, die wurden unsittlich berührt, und als sie eine Schutzbewegung einnahmen, hat man ihnen das Handy gestohlen.‹«

Vor dem Untersuchungsausschuss klingt »Joe Bombe« regelrecht verzweifelt. »Das sind ja völlig perverse Dinge, die hatten wir nicht auf dem Schirm. Das hatten wir nicht kapiert«, sagt R. Er fragt sich immer wieder wieder, wie es nur sein konnte, dass so viele Taten unentdeckt blieben. »Wenn wir irgendwelche Anzeichen dafür gekriegt hätten, dass Frauen nicht nur zum Zwecke des Diebstahls, sondern einfach so stumpf sexuell belästigt worden wären, dann hätten wir die, die da gewesen wären, meinetwegen in den Rhein getrieben oder irgendwohin, aber wir hatten es nicht. Wir hatten diesen Hinweis nicht!«

Dass es indes bereits vor der Räumung zu zahlreichen Taten gekommen war, die von sexueller Beleidigung über sexuelle Nötigung bis hin zu einer möglichen Vergewaltigung reichen, ist heute zweifelsfrei belegt. Der kriminologische Gutachter Rudolf Egg hat jedenfalls ausgewertet, dass bei etwa einem Drittel aller angezeigten

Delikte außerhalb des Bahnhofs Tatzeiten zwischen 20:30 Uhr und 23:35 Uhr angegeben wurden.

Diese Schilderungen zeigen, wie sehr das Gedränge von den Tätern – inzwischen eine Masse im vierstelligen Bereich – ausgenutzt wurde.

»Auf der Domplatte angekommen, wurden wir wirklich an allen Körperöffnungen unzählige Male berührt. Die Männer griffen uns zwischen den Schritt, an den Po und an die Brüste. Wir haben schnell festgestellt, dass es nicht aus Versehen passierte. Nachdem wir uns durch Wegschubsen der Männer wehrten, kamen immer mehr und versuchten, uns untereinander zu trennen. Sie griffen uns stärker zwischen den Schritt und pitschten hinein. Sie hatten keine Hemmungen mehr und hielten uns fest, schubsten zurück und öffneten unsere Taschen und Rucksäcke.
Nur durch Weglaufen sind wir den Ausländern entkommen. Diese Übergriffe geschahen auf dem Weg zum Hauptbahnhof unzählige Male. Direkt vor dem Haupteingang des Kölner Doms sind drei weinende Mädchen auf uns zugelaufen, sie schilderten uns, dass auch sie in einen Kreis geschubst wurden und auf dem Boden lagen, sie wurden sexuell bedrängt und hatten keine Chance, sich zu wehren. Sie baten uns um Hilfe und waren nur am Schreien, dabei folgten ihnen sogar die Männer. Diese ließen auch uns nicht in Ruhe. Zusammen mit den Mädchen haben wir es geschafft zu entkommen.«

Auch Lisa S. aus einem kleinen Ort in der Oberpfalz erlebte das Chaos vor der Räumung – und wurde zum Opfer von sexuellen Attacken. Mit ihren beiden zwei Jahre älteren Cousinen war die 17-Jährige nach Köln gereist, um Silvester zunächst auf den Ringen und später am Dom zu feiern. Als die drei jungen Frauen auf dem Weg dorthin gegen 23 Uhr an der U-Bahn-Station Dom/Hauptbahnhof ausgestiegen waren, gerieten sie sofort in die Fänge der Meute.

»Auffällig war, dass es sich ausschließlich um Südländer handelte«, so Lisa. »Uns wurde von allen Seiten direkt in den Schritt gegriffen, mein Kleid wurde hochgezogen, und meine Cousine haben sie am Arm festgehalten und versucht mitzuziehen! Wir versuchten, uns zu wehren, doch wir hatten keine Chance, da wir, sobald wir einen Griff von uns lösen konnten, schon wieder von anderen Seiten im Schritt gepackt wurden«, schildert Lisa. Die drei hatten vorher sogar extra Pfefferspray eingesteckt, »aber in der Situation hatten wir keine Chance, überhaupt in die Tasche zu greifen«, so Lisa.

Nachdem sie sich befreien konnten, sprachen die drei Cousinen den ersten Polizisten an, den sie sehen konnten. Sie erzählten ihm, was passiert war, doch der Beamte hätte ihnen nur gesagt, dass er jetzt anderes zu tun hätte und dafür nicht zuständig sei, so Lisa. »Du bist Polizist! Das ist dein Job«, habe sie da gedacht. Doch der Mann bat die Mädchen, zur nächsten Polizeistation zu gehen oder die 110 anzurufen.

Genau das tat Lisa S.

23:38 Uhr

Polizist: »Polizeinotruf.«

Lisa S.: Ja, hallo, hier ist die (…). Wir sind grad am Hauptbahnhof in Köln und sind gerade durch den Hauptbahnhofeingang gelaufen, und da stehen lauter Leute, und wenn man da durchläuft, da begrapschen die einen, langen unter das Kleid und alles – aber so richtig! Ziehen einen mit und lassen einen nicht los.«

Polizist: »Sie sind am Haupteingang? In der Halle?«

Lisa S.: »In der Halle Richtung Kölner Dom da. Da stehen auch so Polizisten, aber die machen da gar nichts. Die machen da gar nichts.«

Polizist: »Und Sie werden da belästigt, ja?«

Lisa S.: »Ja, total. Die langen einem unters Kleid und alles.«

Polizist: »Sie sind aber noch im Bahnhof selber, ja?«

Lisa S.: »Nein, wir sind gerade rausgekommen, aber wir haben gerade schon einen Polizisten gefragt, und der hat gesagt, wir sollen die 110 wählen. Und das ist nicht normal.«

Polizist: »Nee, das ist wirklich nicht normal.«
Lisa S.: »Ja, wir wurden da mitgezogen und alles.«
Polizist: »Ja, die Kollegen kommen da hin, machen Sie sich bitte bemerkbar, ja?«
Lisa S.: »O.k., Dankeschön. Danke.«

Tatsächlich gehen die drei Mädchen zum Polizeirevier und erstatten Anzeige.

»Boa, das haben wir geschafft« – eine trügerische Ruhe

Direkt nachdem Einsatzleiter Günter R. den Funkkontakt mit der Leitstelle beendet hat, erfährt auch Dienstgruppenleiter Marco S. von der geplanten Räumung. Der hochrangigste Kölner Polizist des Abends denkt sofort an die Terrorwarnung aus München, die seit 50 Minuten durch die sozialen Medien, Nachrichtenwebseiten und Radiosender schwirrt, sowie die Räumung des dortigen Bahnhofs.

Marco S. will unbedingt vermeiden, dass wegen der Räumung in Köln nun ein Zusammenhang mit München gesehen wird und möglicherweise gar eine Panik wegen eines – nicht vorhandenen – Terrorverdachts in seiner Stadt ausgelöst werden könnte. Er ruft die diensthabende Pressesprecherin zur Vorbereitung von möglichen Journalistenfragen sowie seinen zu Hause in Bereitschaft weilenden Vorgesetzten, den Leitenden Polizeidirektor Martin Lotz, an. Beiden nennt er den Grund für die Maßnahmen: »Gefahrenabwehr«, wegen der Böller- und Raketenschüsse.

Um die dienstliche Meldekette nach oben einzuhalten, wählt S. um 23:38 Uhr auch die Nummer der Landesleitstelle im LZPD in Duisburg – jener Ministeriumsbehörde, die im Vorfeld noch die beantragten Kräfte verweigert hatte. Nun immerhin, am Ende des Gesprächs, wird sich der dortige Dienstgruppenleiter, Bastian M., bei Marco S. erkundigen, ob in Köln für die Situation noch Kräfte benötigt würden.

Marco S., der nicht mitbekommen hat, dass ja um kurz nach 22 Uhr Streifenbeamte gemeldet hatten, dass man zu zweit am Bahnhof wenig ausrichten könne, verneint, ohne darüber allerdings mit Einsatzleiter R. am Bahnhof gesprochen zu haben. Als er diesen direkt nach dem Gespräch mit Duisburg anrufen will, kommt Marco S. nicht durch, weil das Handynetz abermals zusammengebrochen ist. Es gibt nur einen kurzen Funkkontakt. Erst um 0:37 Uhr sprechen S. und der Leiter des Silvestereinsatzes zum ersten Mal am Telefon etwas ausführlicher.

Günter R. selbst wird später erklären, dass er glaubte, mit seinen Beamten und der Hilfe der Bundespolizei auszukommen, und dass ihm mögliche Sofortverstärkungskräfte, also normale Streifenbeamte ohne besondere Schutzkleidung aus Polizeibehörden des Kölner Umlands, auch gar nichts gebracht hätten, weil er für die Räumung eben extra ausgebildete, geschlossene Einheiten wie die Hundertschaften gebraucht hätte. Und bis die (aus Wuppertal, Aachen oder Gelsenkirchen) da gewesen wären, so R., hätte es geheißen: »Ich muss warten, unter Umständen eine Stunde oder zwei warten. Die Situation war nicht haltbar, die war in dem Moment nicht haltbar.« Auch Hundertschaftsführer Thorsten M. wird R. recht geben: »Für mich hat es sich auch nicht angeboten, da zu warten, weil einfach die Gefahrenlage zu präsent, zu intensiv war, als da auf weitere Verstärkungskräfte zu warten.«

Wie lange die Kräfte tatsächlich gebraucht hätten, darüber sollte hinter den Kulissen der nordrhein-westfälischen Behörden während der politischen und medialen Aufarbeitung noch ein beachtliches Taktieren und Tricksen stattfinden.

Zunächst machte das zuständige LZPD am 7. Januar für Minister Jäger und seine Beamten der Polizeiabteilung eine Rechnung auf, die von den meisten Kennern auch weiterhin als die realistische bewertet wird, inklusive genauer Minutenangaben: In 60 Minuten hätten die

Rufbereitschaftspolizisten laut Befehl auf ihrer jeweiligen Dienststelle sein müssen, 15 bis 30 Minuten »Vorbereitungszeit« wären noch hinzugekommen plus eine Fahrzeit zwischen 66 (Gelsenkirchen), 50 (Aachen) und 44 Minuten (Wuppertal). Dies hätte also ab dem ersten Gespräch zwischen der Kölner Leitstelle und dem LZPD ein Eintreffen zwischen – frühestens – 1:40 Uhr und 2:45 bedeutet.

Dazu muss man wissen: Nach der Auswertung von Gutachter Rudolf Egg fanden auf dem Bahnhofsvorplatz und der Domplatte laut den Opferangaben in den Strafanzeigen während der ersten knapp fünf Stunden des Abends seit 20:30 Uhr etwa 90 Prozent aller Delikte statt und in der zweiten Hälfte ab 1:20 Uhr nur noch gut 10 Prozent.

Offenbar wurde den Verantwortlichen in Duisburg und Düsseldorf klar, dass diese Zeiteinschätzung auch deswegen in der Öffentlichkeit kaum vermittelbar wäre. Als also am 12. Januar das Magazin *Der Spiegel* nach der Verfügbarkeit von Reservekräften fragte, drang der LZPD-Pressesprecher in Abstimmung mit dem Innenministerium darauf, dass auch die Kölner Polizei eine Einschätzung abgebe. »Vielleicht sollten wir dafür Sorge tragen, dass auch Köln antwortet, aber die Antworten identisch sind …«, schrieb er an den Pressesprecher von Minister Jäger, sonst könne ein »Maulkorb-Eindruck« entstehen. Tatsächlich wurden für die schlussendlich abgeschickte Antwort an den *Spiegel* kurzerhand die Fahrzeiten aus den drei Städten um je 15 Minuten verkürzt. Sprich: Ein Eintreffen wäre laut LZPD nun bereits in zwei – statt bis zu über drei – Stunden möglich gewesen.

Noch bevor *Der Spiegel* am Abend des Folgetags mit genau dieser Zahl erscheint, legt sich das Ministerium in einer Antwort an den Kölner *Express* auf die endgültige Verteidigungslinie fest. Sie lautet nun: »Erfahrungsgemäß sind viele Kräfte schneller, sodass unter Berücksichtigung der Anfahrtszeit mit einem Eintreffen erster (Teil-) Kräfte am Einsatzort nach ca. 90 Minuten zu rechnen gewesen wäre.« So schnell werden drei Stunden halbiert, wenn es politisch erforderlich scheint.

In Gewerkschaftskreisen wird dieses Rechenspiel als »einfach peinlich« bewertet – und als »falsch«. Solche Methoden sorgen dafür, dass in der Kölner Polizei der Groll auf den Minister und sein Haus in dieser Phase größer wird.

Doch für Ralf Jäger wird die Nichtanforderung von Kräften durch Polizeiführer Günter R. zu einem zentralen Kritikpunkt, um sich und sein Umfeld aus der Schusslinie zu nehmen. Bernd Heinen, Inspekteur der NRW-Polizei und einer der engsten Vertrauten des Innenministers, wird R. auch nach einem halben Jahr noch persönlich für das Ausbleiben der Anforderung geißeln: »Herrn R. kenne ich nun schon seit Jahrzehnten in dieser Polizei. Ich kann es nicht verstehen, warum da keine Sensibilität an dieser Stelle war. Das tut mir ganz schrecklich leid für ihn, weil er ein toller Dienstgruppenleiter und früher ein toller Kommandoführer im SEK war. Aber warum er da nicht geschaltet hat, erschließt sich mir nicht.«

Was hätten Reservekräfte gebracht? Über diese Frage werden auch die Abgeordneten im Untersuchungsausschuss immer wieder diskutieren, nicht zuletzt, als sie im Frühjahr ein Video des städtischen Ordnungsamtsmitarbeiters erreicht, der für die nördlich des Bahnhofs gelegene Zoobrücke über dem Rhein zuständig war. Es wurde gegen 24 Uhr aufgenommen, und darauf zu sehen ist, wie sieben Streifenwagen (was doppelt so vielen Beamten entspricht) mit eingeschaltetem Blaulicht mitten auf der Brücke haltgemacht haben. Die Polizisten haben sich dem Anschein nach dort postiert, um die hervorragende Aussicht auf das Feuerwerk genießen zu können. Einige Beamte sind jedenfalls ausgestiegen. Der Kölner Polizei ist dieses Video unangenehm. Denn im Einsatzsystem eCebius konnte auch Monate später nicht recherchiert werden, warum die Beamten überhaupt dort waren. Sicher ist indes: Die wahre Dramatik in der Nähe des Doms kannten die Polizisten auf der Zoobrücke nicht.

Zur gleichen Zeit zog jedenfalls Günter R. mit Thorsten M. und Bernd N. die Räumung des Bahnhofsvorplatzes durch.

In seinem internen Einsatzbericht wird Thorsten M. schreiben:

»Um 23:45 Uhr war die Hälfte des beschriebenen Bereiches geräumt, gegen 00:15 Uhr war die Räumung abgeschlossen. Die eigentlichen Räummaßnahmen verliefen ohne besondere Vorkommnisse, gestalteten sich aber aufgrund von sprachlichen Barrieren, des enthemmten Gemütszustandes, der erheblichen Alkoholisierung der Personen sowie des fortwährenden Zündens von Feuerwerkskörpern schwierig, so dass Personen in erheblichem Umfang auch mit einfacher körperlicher Gewalt (Wegschieben / -schubsen) geräumt werden mussten. Hierbei kam es jedoch nicht zu offenen, aktiven Aggressionen gegenüber den Kräften. Die Kräftelage war für die Durchführung dieser Maßnahmen gerade ausreichend. Ohne eine Unterstützung der Kräfte BPol wäre eine sachgerechte Durchführung nicht möglich gewesen.
Nach der Räumung beruhigte sich die Lage deutlich. Da der Bahnhofsvorplatz durch Überreste von Feuerwerkskörpern sowie mit Glasscherben erheblich verunreinigt war, musste die AWB zur Reinigung angefordert werden. Um 00:27 Uhr wurde der Zugang auf den Bahnhofsvorplatz über die Domtreppe wieder geordnet zugelassen, die BPol hatte noch während der Räummaßnahmen bereits um 00:05 Uhr den Haupteingang Hbf. teilweise wieder geöffnet, um den Personendruck aus dem Hauptbahnhof zu nehmen.«

Alles in allem: Eine durchaus heikler Einsatz, der aber am Ende viel besser und reibungsloser verläuft als befürchtet. Thorsten M.: »Als die Räumung abgeschlossen war und wir die Gesamtsituation am Bahnhofsvorplatz betrachtet haben, haben sich der Polizeiführer, der BFE-Führer, meine Zugführer und ich wieder getroffen. Und wir hatten eigentlich das Gefühl: Boa, das haben wir geschafft. Es ist nichts weiter passiert.«

Die Beamten empfinden vor dem Bahnhof so etwas wie Ruhe. »Es war eine ganz andere Situation als vorher«, erinnert sich M. Doch diese Stille ist trügerisch.

Aus mehreren Schilderungen von Opfern wird deutlich, dass gerade erst die Räumung und das mit ihr verbundene Aufstauen von Menschenmassen am Rand des Bahnhofsvorplatzes dafür gesorgt haben, dass Frauen Opfer von sexuellen Attacken oder generell Personen beklaut wurden. Im Schutz der Enge konnten die Täter noch leichter zuschlagen.

Eine Frau berichtet: »*Die Polizei versperrte die Domplatte und drängte uns alle nach außen an den Rand, hierbei wurden wir wieder mehrfach unsittlich berührt, ebenfalls im Intimbereich. Nachdem ich aufschrie, zog mich meine Schwester zum Rand, an dem die Polizei stand. Wir baten einen Polizisten, uns zu helfen, der meine Schwester anschrie, sie solle sofort zurück an den Rand gehen, und schubste sie dorthin. Erneut wurde ich hinter mir von mehreren Händen angefasst, und im Gesäß und den Gesäßtaschen meiner Hose befanden sich mehrere Hände. Aus lauter Panik schrie ich erneut, und wir drängten uns durch die Menge an einen für uns sichereren Platz.*«

Und auch der Umstand, dass die Bundespolizei schon während der Räumung wegen des zu großen Drucks innerhalb des Bahnhofsgebäude teilweise Türen öffnen musste, hatte Folgen. In einer Online-Anzeige vom 5. Januar berichtete eine Studentin, wie sehr sich die Lage zwischen dem Ausgang der A-Passage an der rechten Frontseite Richtung Alter Wartesaal zugespitzt hatte, weil der Mob sich sammelte.

> »*Viele – so wie ich – realisieren wahrscheinlich erst jetzt so richtig, was passiert ist, obwohl man schon die ganzen letzten Tage verstört von den Ereignissen war (…) Der Weg wurde ohne Ankündigung oder Hinweis (!) abgesperrt. Wir wurden so arg zusammengequetscht, dass ich nicht mehr konnte. Selbst als ich sie dann mit meinen Ellenbogen, ich glaube sogar mit meinem ganzen Oberkörper, nach hinten geschubst habe und geschrien habe, haben sie immer noch unter das Kleid greifen wollen. Ich musste mich umdrehen und mit den Händen anfangen zu schubsen. Ich*

habe die ganze Zeit nichts gesehen, nur gespürt, weil meine Augen voller Tränen waren.«

Um 0:21 Uhr meldete sich Polizeipräsident Wolfgang Albers von einer privaten Feier aus telefonisch auf der Leitstelle, um seinen Mitarbeitern für die Arbeit zu danken und ihnen ein frohes neues Jahr zu wünschen. Dienstgruppenleiter Marco S. berichtete seinem Chef dabei von der Räumung und der vorausgegangenen heftigen Böllerei. Albers habe mit Unverständnis auf das Verhalten der Leute reagiert, sagt Marco S. Die Herkunft der Täter sei da aber noch kein Thema gewesen. »Er hat mir gesagt, es sei dort die Gefahr einer Panik und insofern sei geräumt worden. Von Sexualdelikten hat er mir nichts geschildert«, so Wolfgang Albers.

Kurz danach wurde der Vorplatz wieder geöffnet, um Rückreisenden den Weg in den Bahnhof zu ermöglichen. Weil es aus Sicht der Einsatzführer nun wieder merklich ruhiger geworden war, schickten sie einen Zug der Bereitschaftspolizei mit 38 Beamten zu der Partymeile auf den Ringen, wo auch das ursprünglich geplante Einsatzgebiet war. Hundertschaftsführer Thorsten M. nutzte den Moment der scheinbaren Pause, um selbst nach vier Stunden im Einsatz die Toilette aufzusuchen. Als er auf der Polizeiwache ankam, sah auch M., dass sich im Vorraum bis zu 50 Personen versammelt hatten, um Anzeige zu erstatten. Dann bereits meldete sich Günter R. bei ihm und bat, »noch mal zum Bahnhofsvorplatz zu kommen, weil er eine neue Situation, eine neue Lageinformation hätte, auf die wir reagieren müssten«. Auch R. hatte soeben auf der Wache mitbekommen, dass Frauen bei Diebstählen angegangen worden seien. »Das ist ja irre, das kann so nicht sein«, habe er gedacht, so R. Und dass das ein neuer »Modus Operandi« wäre. Einen Teil der gerade weggeschickten Beamten befahl er in Abstimmung mit Thorsten M. wieder von den Ringen Richtung Bahnhof.

Doch selbst zu diesem Zeitpunkt bemerkten die beiden Einsatzleiter nichts von den schlimmen Szenen, die sich keine 200 Meter entfernt im Zuständigkeitsbereich von Bundespolizei und Stadt zutrugen. Auf der Eisenbahnbrücke, die zum Bahnhof führte, hatte sich längst das nächste schlimme Unheil zusammengebraut …

Die Brücke bleibt offen

0:56 Uhr, Herr R. meldet sich von der Hohenzollernbrücke bei der 110.
Polizist: »Polizeinotruf.«
R.: »Ja, R., schönen guten Tag. Ich wollte Ihnen einfach einmal mitteilen, auf der Hohenzollernbrücke Richtung Dom, linke Seite, scheint eine Massenpanik zu drohen. Meine Empfehlung wäre, die Hohenzollernbrücke zu schließen. Vielleicht schaut sich das mal jemand an. Richtung Dom kommt man da nicht raus. Das hört mitten auf der Brücke auf, und es fangen ganz viele Leute schon wieder an, dann über die Gleise zu klettern.«
Polizist: »Ja, okay, wir schauen uns das mal an. Hohenzollernbrücke Richtung Dom, ja? Also auf der linken Rheinseite? Ja, okay, danke.«

Die Brücke ist ein Anziehungspunkt für Liebespaare aus aller Welt. Als Zeichen ihrer ewigen Treue und Verbundenheit befestigen sie dort am Brückengitter Schlösser, in die ihre Namen eingraviert sind, und werfen die Schlüssel in den Rhein. Hunderttausende dieser Liebesschlösser zieren den »Wallfahrtsort« für Romantiker; sie wiegen rund 22 Tonnen.

An den Silvesterabenden füllt sich der Fußweg über die 400 Meter lange Brücke, die die Kölner Innenstadt und das rechtsrheinische Deutz miteinander verbindet, schon in den frühen Abendstunden mit Partyvolk. Vor dort hat man nicht nur einen Panoramablick auf den Dom, sondern auch auf den Rheinauhafen, der mit seinen drei Kranhäusern zu den architektonischen Highlights der Metropole zählt. Viele Feiernde bringen Proviant mit und lassen sich in der Wartezeit bis Mitternacht auf dem Boden nieder. Ein Vergnügen, das billig ist und äußerst vergnüglich sein kann. Solange alles friedlich bleibt. Wegen des dichten Gedränges auf dem engen Fußgängerweg kann es dort aber auch schnell brenzlig werden.

»Wir sind nach Mitternacht vom rechtsrheinischen Rheinufer über den südlichen Fußgängerweg der Hohenzollernbrücke in Richtung linksrheinisch gegangen. Zwischen der Hälfte und dem Dom war eine starke Menschenansammlung, und es brach eine leichte Panik aus, sodass sogar manche über den Zaun auf die Gleise geklettert sind. Während wir in dieser Menschenmenge waren, habe ich immer versucht, meine Hand auf meiner linken Jackentasche zu lassen, da sich dort in einer Handytasche mein iPhone befand. Allerdings hat jemand, den ich nicht benennen kann, mehrfach versucht, mir von hinten zwischen die Beine zu fassen. Ich wehrte diese Versuche mit der Hand ab und musste dafür meine Hand von meiner Jackentasche nehmen. Als wir aus der Menschenmenge heraus waren, stellte ich fest, dass mein iPhone entwendet worden war. Ich kann keine Täterhinweise geben.«

Diese Anzeige wird am 1. Januar um 12:50 Uhr in der Polizeiwache Stolkgasse aufgenommen. Jasmin V. ist 18 Jahre alt und aus einem idyllischen oberbayerischen Städtchen nach Köln gereist. »Sexualdelikt/Diebstahl/Angegrabscht«, steht über dem Dokument. Als Tatzeit ist 0:30 Uhr angegeben.

Hätte man Jasmin V. und zahlreichen weiteren Opfern die böse Erfahrung möglicherweise ersparen können? Beim Versuch, Schuld zuzuweisen, gerät die Einsatzplanung für die Hohenzollernbrücke ins Visier der Aufklärung.

Während der Sondersitzung des nordrhein-westfälischen Landtags am 14. Januar zeigt Innenminister Jäger sogleich mit dem Finger auf die Stadt Köln. Die habe sich geweigert, die Brücke zu sperren. »Die Stadt Köln hatte im Vorfeld eine solche Sperrung für den Fußgängerverkehr nicht genehmigt«, behauptet Jäger. Eine Aussage, die allerdings nicht der Wahrheit entspricht. Das stellt auch Jörg Breetzmann, der den Silvesternachteinsatz für das Kölner Ordnungsamt geplant hat, fest. Breetzmann hat zum zentralen Vorbereitungstreffen eingeladen. »Eine derartige Position ist mir nicht bekannt«, sagt er als – allererster – Zeuge im Untersuchungsausschuss ziemlich trocken. In Wahrheit ist man in der Stadtverwaltung ziemlich empört über Jägers Vorwürfe. Dort werden politische Motive für die Attacke gesehen, man vermutet, der SPD-Politiker wolle von sich selbst ablenken. Die Stadt Köln unter der Führung von Oberbürgermeisterin Henriette Reker wähnt sich als besonders gefährdete Zielscheibe der Landes-SPD, da Reker erst wenige Wochen zuvor die Sozialdemokraten aus dem Chefsessel des Rathauses gefegt hatte. Die parteilose Reker hatte die Wahl mit Unterstützung von CDU, Grünen und FDP klar gegen den stellvertretenden SPD-NRW-Chef Jochen Ott gewonnen.

Aber Fakt ist auch: Bereits im Vorjahr hatte es auf der Partymeile über dem Rhein Probleme gegeben. Bei einer Nachbesprechung des Silvestereinsatzes im Februar 2015 drängt die Bundespolizei tatsächlich darauf, die Hohenzollernbücke künftig für Fußgänger zu sperren. Wegen der geringen Breite und der nicht vorhandenen Fluchtwege sei die Brücke als Ort für eine Großveranstaltung völlig ungeeignet, heißt es.

Auch Probleme mit »Gleisgängern«, die im betrunkenen Zustand auf die Schienen springen, habe es schon im Vorjahr gegeben. Bei der Nachbesprechung wird vereinbart, eine Entscheidung bis nach den Sommerferien zu vertagen. Doch die brisante Frage nach der Sperrung wird dann doch nicht wie geplant beantwortet. »Ich glaube, ein gesonderter Termin zum Thema ›Brückensperrung‹ ist jetzt meines Wissens nicht mehr zustande gekommen«, sagt Silke S., die Einsatzleiterin der Stadt, später vor dem Untersuchungsausschuss.

9. Dezember 2015. Im Ordnungsamt am Ottmar-Pohl-Platz im Stadtteil Kalk kommen Vertreter von Bahn, Kölner Verkehrsbetrieben, Wasserschutzpolizei, Landespolizei und Bundespolizei zu einer

Vorbesprechung des Silvestereinsatzes 2015/2016 zusammen. Der Silvestertag rückt näher, es wird Zeit, dass sich die beteiligten Behörden miteinander abstimmen. Mit einer PowerPoint-Präsentation stellt Silke S. die Pläne vor. Diesmal sei die Ausgangslage an der Hohenzollernbrücke günstiger als im Vorjahr, sagt die junge Führungskraft. Baustellenbedingte Engpässe an den Brückenzugängen seien inzwischen beseitigt worden. Auch das Personal wurde massiv aufgestockt.

Die Konzeption macht offenbar einen ausgereiften Eindruck. Keiner der Teilnehmer stellt den Entwurf infrage. Das Konzept sei einvernehmlich von allen Behördenvertretern so »abgenommen worden«, versichert Silke S. Auch der Einsatzplaner der Bundespolizei, Andreas E., gibt sich mit dem zufrieden, was ihm vorgestellt wird. Das Thema Vollsperrung sei auch »von seiner Person« nicht angesprochen worden, räumt er dazu später ein. Mögliche Rückstauprobleme im Bahnhof, die im Fall einer Störung des Bahnverkehrs durch Gleisquerer entstehen können, wurden ebenfalls nicht angesprochen. Damit stand fest: Die Hohenzollernbrücke bleibt Silvester grundsätzlich offen.

Für diese Entscheidung gibt es womöglich einen Grund, der aber bei dem Termin am 9. Dezember nicht offen angesprochen wird. Auf der Deutzer Rheinseite finden zu diesem Zeitpunkt Arbeiten am »Rheinboulevard« statt. Von dem Aussichtspunkt könnten die Besucher den Panoramablick auf die Kölner Altstadt mit dem Dom hervorragend genießen. Die 500 Meter lange Freitreppe ist schon fertig, doch die Stadt hatte die wenig populäre Entscheidung getroffen, das Areal aus Sicherheitsgründen wegen fehlender Notausgänge an Silvester noch nicht freizugeben. In dieser Situation will die Verwaltung offenbar nicht noch einmal der Spaßverderber sein. Deshalb soll die Hohenzollernbrücke offenbar nur im »Bedarfsfall« gesperrt werden.

Doch das passiert nicht. Allerdings stellt sich später heraus, dass eine Sperrung dringend nötig gewesen wäre. Denn auf der Partymeile kommt es fast zu einer Massenpanik. Zeugen berichten von Männern aus Nordafrika, die den Abfluss blockieren, um Passanten bestehlen zu können.

Von der Eskalation werden die Ordnungshüter der Stadt Köln, die Landes- und die Bundespolizei kalt erwischt. Meldewege funktionieren nicht. Keiner weiß, was der andere tut. Es rächt sich bitter, dass eindringliche Warnungen aus dem Vorjahr in den Wind geschlagen wurden. Die Kette des Versagens an der Hohenzollernbrücke spielt eine Schlüsselrolle bei der Suche nach den Ursachen für das Leid der Opfer in der Kölner Silvesternacht.

Wegen der Menschen, die in ihrer Not auf die Gleise springen, wird die elektrische Oberleitung deaktiviert. Von kurz vor Mitternacht bis 1:15 Uhr steht der Zugverkehr komplett still. 56 Züge, davon 51 aus dem Nahverkehr bzw. S-Bahnen, sind betroffen. »Panik auf der Brücke bei der Abreise der Zuschauer ausgebrochen. Zugfahrten zurückgehalten, einzelne vorzeitig gewendet bzw. umgeleitet«, heißt es in einer internen Meldung der Deutschen Bahn über den »Zentralen Lagefall« der Kategorie 3. Die Gesamtverspätung beträgt 2196 Minuten, das »Auswirkungsende« wird für 3:55 Uhr festgehalten. Unzählige Silvester-Gäste, vor allem aus dem Kölner Umland, können nicht nach Hause – und werden so zu potenziellen und tatsächlichen Opfern. Laut einer Auskunft des Bundesinnenministeriums sollen während der Sperrung allein innerhalb des Bahnhofsgebäudes 2500 Menschen gewesen sein.

Genau in diesen 80 Minuten konnte der Silvester-Mob besonders wüten. 370 Taten sollen laut einer Auswertung aller Anzeigen zwischen 23:55 und 1:15 Uhr stattgefunden haben – alle 13 Sekunden (!) eine, darunter eine große Zahl von sexuellen Übergriffen.

Bernd N., der BFE-Chef der Bundespolizei, schildert die Lage: »Mit der Gleissperrung fing das an. Da fand in dem Bahnhof selber kein Abfluss mehr statt, sondern die Menschen aus der Innenstadt kamen alle rein, ob es nun Migranten waren oder normale Besucher. Alles wollte nach Hause und suchten den Bahnhof auf.« Aber da ging nichts mehr vor und zurück. Vor allem an den Treppenaufgängen zu den S-Bahn-Gleisen im Haupttunnel Richtung Breslauer Platz knubbelt es sich. »Dort waren diese ganzen Migranten«, berichtet N. »Da war zum Beispiel eine Frau eingeschlossen, die um Hilfe rief. Und da mussten wir rankommen. Das heißt: Wenn wir nicht präsent gewesen wären oder nicht hingegangen wären, wäre vielleicht in dieser Runde etwas mehr passiert als nur dieses – schlimm genug – Antatschen.«

Es ist die unselige Verkettung der Ereignisse, die die Frauen in höchste Not bringt. Fest steht: Die Wucht des Mobs wäre nicht so groß gewesen, wenn die Stadt die Lage auf dem Fußweg der Hohenzollernbrücke im Griff gehabt hätte und der Bahnverkehr weitergelaufen wäre. Obwohl die Kommune für die Brückensperrung zuständig war, nimmt sie in der Einsatznachbereitung auch die Polizei mit in die Verantwortung dafür, dass die Situation aus dem Ruder gelaufen ist. In einer Erklärung der Stadt Köln zu den Silvesterereignissen heißt es, die Landespolizei habe »zu keinem Zeitpunkt« in der kritischen Phase vor ein Uhr die Bitte geäußert, die Brücke für den Fußgängerverkehr zu sperren. Eine Kommunikation wäre sowohl mobil über das Diensthandy als auch über Funk möglich gewesen. Schließlich sei ja bei der Polizei im Anschluss an die Einsatzbesprechung um 21:30 Uhr ein eigenes städtisches Funkgerät in der Funkzentrale hinterlegt worden, um »im Bedarfsfall eine umgehende Kommunikation« sicherzustellen.

Der Fotograf springt auf die Gleise

In den bitterkalten Rhein zu springen ist keine Option für Bernd Rosenbaum. Nur Lebensmüde stürzen sich in den dunklen Strom, in dem sich das Licht der Brückenbeleuchtung rötlich spiegelt.

Es muss einen anderen Weg geben, um der Falle zu entrinnen. »Wir haben in diesem Moment wirklich um Leib und Leben gefürchtet«, erinnert sich Rosenbaum. »Sonst hätten wir das nicht gemacht. Sonst wären wir nicht über das Geländer geklettert.« Bernd Rosenbaum ist freier Fotograf bei der *Kölnischen Rundschau*. Von seiner Redaktion hat er in diesem Jahr den Silvesterauftrag erhalten. Das wichtigste Motiv: die Altstadt-Silhouette mit dem Dom, getaucht in das Licht der funkelnden Feuerwerksraketen.

Danach ist sein Job erledigt. Mit seiner Frau Anne, die ihn begleitet und die Stativtasche trägt, hat er danach kurz mit einem Glas Sekt auf ein gutes neues Jahr angestoßen. Jetzt wollen die beiden mit der S-Bahn nach Hause fahren. Doch der Rückweg in Richtung Hauptbahnhof droht, in einer Katastrophe zu enden.

Die Hohenzollernbrücke, 0:50 Uhr. Auf dem südlichen Fußweg der mächtigen Rheinquerung sind viele Menschen unterwegs. Die Trasse ist nur wenige Meter breit, und schon an schönen Sommernachmittagen kann es zu Stockungen kommen, wenn Verliebte ein Foto von sich und ihrem Liebesschloss machen oder Junggesellenabschiede mit ihrem ausgelassenen Treiben den Weg versperren. Nach dem Feuerwerk drängen nun Hunderte gleichzeitig zurück in die City. Es sind vielleicht noch 150 Meter bis zum Ende der Brücke, als die Menschenmasse ins Stocken gerät. Bernd Rosenbaum kann sich nicht erklären, warum es nicht weitergeht, und zückt sein Handy, um über die Köpfe der Leute hinweg ein Foto zu machen. Es ist das einzige professionelle Foto, das im Nachgang verwendet werden kann, um die Lage dort zu dokumentieren. Doch auf dem Bild ist der Grund für den Stau nicht ersichtlich. »Da wurde es plötzlich sehr eng und irgendwann so bedrohlich, dass wir uns unwillkürlich an die Loveparade erinnert haben«, sagt der Fotograf. Bei der Tragödie im Jahr 2010 starben 21 Menschen, als sie bei einer Massenpanik in einer Tunnelrampe zu Tode getrampelt wurden. »Zu diesem Zeitpunkt standen wir mit dem Rücken zum Brückengeländer Richtung Rhein. Und ich habe dann gesagt: Wir müssen hier weg.«

Über die Hohenzollernbrücke rollen bis zu 1500 Züge am Tag. Nahezu pausenlos rattern die Wagen auf den sechs Schienen hinter dem Zaun mit den Liebesschlössern entlang. Bahntrasse und Fußweg sind durch einen hohen Gitterzaun getrennt. Ist das die Rettung? Ist die Flucht auf die Gleise die letzte Chance, der Falle zu entkommen? Bernd Rosenbaum trifft eine Entscheidung. Jetzt oder nie! Mit seiner schweren Kameratasche, die über seinem Rücken hängt, zieht er sich am Geländer hoch. Seine Frau folgt ihm nach. Hauptsache, es kommt kein Zug. Aber der Bahnverkehr ist in diesem Moment schon lange eingestellt …

»Rettet meinen Sohn!«

Verdammt, was ist denn da los? Polizeihauptkommissar Detlev M. und sein Kollege eilen in der Dunkelheit über die Gleise auf der Hohenzollernbrücke, nachdem die Meldung eingegangen ist, dass sich dort Menschen aufhalten. Der Dienstgruppenleiter soll an diesem Abend den Silvestereinsatz der Bundespolizei im Kölner Hauptbahnhof koordinieren. Eigentlich geschieht das von der Leitstelle in der B-Passage aus. Doch es kommt anders.

Weil es schon im Vorjahr Randale von Betrunkenen und zahlreiche Körperverletzungen gab, sind M. in dieser Nacht nicht nur die eigenen 18 Bahnpolizisten unterstellt. Die Zentrale hat ihm zusätzlich eine Beweissicherungs- und Festnahmeeinheit BFE aus Sankt Augustin zugewiesen. Zwei Tage vor der Silvesternacht hatte die Bundespolizei den Kölner Hauptbahnhof als potenzielles Terrorziel eingestuft und damit ermöglicht, dass auch ohne speziellen Anlass Personenkontrollen durchgeführt werden können. »Die Bahnhöfe Köln Hbf und Messe/Deutz sowie die angrenzenden Bahnanlagen sind vom 31. Dezember 2015 in der Zeit von 20 Uhr bis 1. Januar 8 Uhr als gefährdete Objekte eingestuft«, heißt es im als Verschlusssache eingestuften Einsatzbefehl vom 29. Dezember 2015.

Tatsächlich verändert die Silvesternacht von Köln für einige Menschen das Leben in Deutschland. Vielleicht wäre alles anders gekommen, wenn Detlev M. auf seinem Posten geblieben wäre. »Das Problem war, dass ich selbst im Bereich der Hohenzollernbrücke gebunden war«, räumt der 51-Jährige rückblickend ein. »In dem Zeitfenster habe ich vielleicht nicht die mehr die komplette Übersicht gehabt.«

Detlev M. hält nichts davon, »rückwärtig zu führen«, wie er es nennt. Ähnlich wie sein Kollege Günter R. hält er es für die beste Lösung, selbst präsent zu sein und sich ein eigenes Lagebild zu verschaffen. »Ich war immer im Brennpunkt des Geschehens«, sagt der Bundespolizist.

So auch um 0:34 Uhr. Detlev M. erhält die Nachricht, dass Menschen über die Gleise der Hohenzollernbrücke laufen. Der Zugverkehr, der für wenige Minuten freigegeben war, muss sofort wieder gestoppt werden! Der Bundespolizist macht den Einsatz zur Chefsache. Detlev M. erkennt: Auf der Rheinquerung droht eine Massenpanik, die Verletzte, möglicherweise sogar Todesopfer fordern kann.

Der Weg über die Gleise steckt voller Stolperfallen. Als der Einsatzleiter auf der Brücke ankommt, wirkt die Lage bedrohlich. »Da ging es nicht mehr vor und nicht mehr zurück. Auf einmal fingen Menschen an zu schreien. Sie hatten Panikattacken. Einer rief: Das ist fast wie in Duisburg hier. Ich werde hier erdrückt.«

Vielleicht sind sich der Fotograf Bernd Rosenbaum und der Bundespolizist in jenen brisanten Minuten über den Weg gelaufen. Fest steht, dass beide die Lage ähnlich sehen: »Es gab nur zwei Möglichkeiten für die Menschen: entweder in den Rhein zu springen oder geordnet auf der Hohenzollernbrücke abzufließen. Das habe ich dann gewährt.«, sagt Detlev M., der den Menschen erlaubt, über den Zaun zu klettern. Er hilft ihnen sogar dabei.

»Da war ein Vater, der hielt mir seinen fünfjährigen Sohn entgegen. Hier – rettet meinen Sohn! Ich nahm den Sohn dann runter. Mein Stellvertreter ist so 1,90. Ich sagte: Helft den Leuten, damit der Druck da rausgenommen wird.«

Viele Zeugen der drohenden Panik auf der Hohenzollernbrücke sehen den Einsatz der Bundespolizei als Hilfe in letzter Sekunde, ja, als Heldentat. Detlev M. hat aus seiner Sicht alles richtig gemacht.

Die ausgedehnte Sperrung des Zugverkehrs führt aber indessen dazu, dass es am Hauptbahnhof zu einem verhängnisvollen Gedränge kommt.

Für die Fußgängerwege ist an dem Abend das Ordnungsamt der Stadt Köln zuständig. Doch unter der angegebenen Nummer ist niemand zu erreichen: »Es ging immer die Mailbox an«, ärgert sich Detlev M.

»Ich habe nichts mitbekommen«

Das Handy, das nicht zu erreichen ist, hat Einsatzleiterin Silke S. in der Tasche. Daran, dass die Stadt zuständig für eine Sperrung der Fußgängerwege auf der Brücke ist, gibt es keinen Zweifel. »Das war die Ordnungsbehörde. Das waren wir«, stellt Ordnungsamtschef Engelbert Rummel im Untersuchungsausschuss klar.

Silke S. soll diese Ad-hoc-Entscheidung treffen. Dass auch etwas schiefgegangen sein dürfte, deutet schon der Umstand an, dass sie bei ihrer Vernehmung durch das Aufklärungsgremium von einem Rechtsbeistand begleitet wird. Sie wirkt eingeschüchtert und ein wenig ängstlich – so wie Angeklagte mit einer Vorahnung, dass es gleich unangenehm werden dürfte.

Wie viele Vertreter von Polizei und Ordnungsämtern bemüht sich Silke S. um eine überkorrekte Ausdrucksweise. Das Behördendeutsch, das sie im Alltag begleitet, hat sie voll verinnerlicht. »Wir haben das Fahrzeug dann dort abgeparkt«, sagt sie zum Beispiel.

Die 38-Jährige ist Diplomverwaltungswirtin bei der Stadt Köln und im »Amt 32« als stellvertretende Leiterin für das Sachgebiet »Ordnungsdienst« zuständig. Es ist das erste Mal, dass sie den Silvestereinsatz des Ordnungsamts führen soll. Keine leichte Aufgabe, vor allem wegen des hochsensiblen Abschnitts Hohenzollernbrücke. Aber die Verwaltung sieht sich bekanntlich durch zusätzliche Absperrungen und mehr Personal auf den Massenandrang gut vorbereitet. Sogar die Öffentlichkeitsarbeit wurde nicht vergessen: »Wir werden die Fahrrad- und Gehwege so lange wie möglich offen halten. Sperrungen sind aber an allen Zugangsbereichen vorbereitet und werden umgehend durchgeführt, sollte es dort zu voll werden oder dichtes Gedränge entstehen«, heißt es in einer Pressemitteilung.

Das Team des Ordnungsamts muss auch an diesem Abend durch private Kräfte verstärkt werden. Dies ist nichts Ungewöhnliches – schließlich arbeitet die Stadt Köln auch zur »fünften Jahreszeit« mit privaten Helfern zusammen. Die Verwaltung bestellt bei der Firma »Rheinische Sicherheitsdienste« (RSD) 72 Hilfskräfte, von denen allerdings nur 66 erscheinen. Um für den Ernstfall vorbereitet zu sein, wurde der Kräfteansatz sogar vervierfacht. Die Mannschaft an der Hohenzollernbrücke besteht aus 24 eigenen Mitarbeitern und 44 Sicherheitsleuten von RSD. Auch Silke S. postiert sich an der Brücke.

Dienstleister RSD hatte für die Aufgabe geringfügig Beschäftigte gesucht. Als Einstellungsvoraussetzungen werden allerdings lediglich die Beherrschung der deutschen Sprache »zumindest mittelmäßig« und »warme Bekleidung« gefordert. Mit der Bewältigung von Konfliktsituationen oder gar mit der Steuerung von Menschenmassen im Fall einer Panik hat wohl kaum jemand Erfahrungen. Silvester will niemand gerne arbeiten, schon gar nicht für 10,50 Euro pro Stunde. Da muss man wohl oder übel auch in der Sicherheitsbranche das Personal nehmen, das man kriegt.

Martin Börschel, Fraktionschef der SPD im Kölner Rat und zugleich Vizechef des Untersuchungsausschusses, bezweifelt, dass die Helfer auf heikle Situationen auch nur ansatzweise vorbereitet waren. »Im Notfall muss Hilfesuchenden rasch der Weg zur Polizei gewiesen werden können. Dafür muss eine gewisse Erfahrung in der Tätigkeit und eine intensivere Vorbereitung doch das absolute Minimum sein, gerade in so einer anspruchsvollen Sicherheitslage.«

Auch die Landespolizei ist mit im Boot. Für alle fünf Kölner Rheinbrücken sind allerdings gerade mal 13 Beamte eingeteilt. Bernhard K., Einsatzabschnittsleiter für den Bereich Brücken, hat sich auf der südlich gelegenen Severinsbrücke postiert und bekommt von den

Vorfällen auf der Hohenzollernbrücke nichts mit. Er hat seinen Beamten ausdrücklich untersagt, sich ohne einen handfesten Anlass ins Getümmel auf der Rheinquerung zu begeben. Als Grund nennt er die unzureichende Ausrüstung der ihm unterstellten Polizisten. Ihre Nylonkleidung sei nicht feuerfest und könne bei einem Beschuss mit Böllern leicht in Flammen aufgehen, sagt Bernhard K. Er fügt hinzu: »So ein Böller im Nacken ist nicht nett.« Für diese Aussage wird K. später den Groll von NRW-Polizeiinspekteur Bernd Heinen auf sich ziehen. Der Verweis auf angeblich unsichere Kleidung sei eine »Unverschämtheit« – schließlich würden die meisten Kollegen ganz selbstverständlich im Einsatz ohne spezielle Schutzkleidung ihren Kopf hinhalten.

Die Teams des Ordnungsamts sind also vor allem auf sich selbst gestellt. Sie haben sich an beiden Enden der Brücke postiert. Silke S. hält sich überwiegend auf der Deutzer Seite auf. Von dort kann man allerdings nur einen Teil des Fußwegs einsehen. Weil niemand so genau weiß, wie viele Besucher überhaupt auf der Brücke Platz finden, denkt man auch nicht darüber nach, Zähler einzusetzen. Ein Versäumnis, das nach der Tragödie bei der Loveparade grob fahrlässig wirkt. Marc Lürbke, Obmann der FDP, kommt zu der Feststellung: »Die Stadt Köln hat den Zugang zur Brücke nach Bauchgefühl geregelt.«

Fatal: Im Einsatzkonzept der Stadt ist eine »Bestreifung« der Brücke nicht vorgesehen. Als sich auf dem Abschnitt in Richtung Dom Panik breitmacht, bekommt das von der Stadt niemand mit. Silke S. bemerkt auch nicht, dass der Bahnbetrieb komplett eingestellt wird, als die Bundespolizei die hilflosen Menschen im Gedränge aus höchster Gefahr befreit und über den Zaun auf das Gleisbett klettern lässt. »Also, ich habe es nicht mitbekommen«, räumt sie später ein. Obwohl die Lage eskaliert, bleibt die Brücke offen. Auch über Funk hat sie keine Warnung erhalten. Wie konnte das geschehen?

Silke S. ist von vornherein davon ausgegangen, dass das Handynetz in der Silvesternacht zusammenbrechen würde. Um die Kommunikation mit der Polizei im Notfall sicherzustellen, sollen wichtige

Meldungen per Funk weitergeleitet werden. Weil die Funknetze unterschiedlich sind, bringt das Ordnungsamt am Silvesterabend um 21:30 Uhr ein Funkgerät mit zur gemeinsamen Einsatzbesprechung in der Polizeiwache Stolkgasse. Das Gerät wird auf Geheiß von Polizeieinsatzleiter R. im Funkraum in der dritten Etage hinterlegt. Aber da sitzt zu diesem Zeitpunkt noch kein Funker. Man verlässt sich darauf, dass die Polizei schon weiß, wie die Funkgeräte des Ordnungsamts funktionieren, und macht sich von dannen.

Das ist wohl ein Fehler. Denn die Funker der Polizei wissen mit dem Fremdgerät offenbar nichts anzufangen. Das hängt womöglich mit einem Missverständnis zusammen. Das Ordnungsamt geht davon aus, dass die Polizei das Gerät als Kommunikationskanal ernst nehmen wird. Mehr noch: Man wähnt sich über den Kontakt zur Landespolizei irrigerweise sogar indirekt mit der Bundespolizei verbunden. »Letzten Endes hat doch die Landespolizei den kürzesten Draht zur Bundespolizei«, glaubt Silke S.

Doch in der Stolkgasse nimmt man den Verbindungskanal überhaupt nicht ernst. Städtische Mitarbeiter könnten die Polizei ja nur selten unterstützen, sagt R., und das klingt etwas herablassend. In der Silvesternacht kommt das Funkgerät, das gute Dienste hätte leisten können, kein einziges Mal zum Einsatz.

Auf die Idee, auch ein Gerät bei der Bundespolizei zu deponieren, kommt das Ordnungsamt nicht. Dabei sind Zuständigkeitsbereiche von Stadt und Bundespolizei auf der Brücke doch nur durch einen Zaun voneinander getrennt. Zudem ist das Problem der Gleisquerer bekannt. Silke S. erfährt schließlich erst viel zu spät von den Problemen auf der Brücke. »Die Sicherheitspartnerschaft zwischen Stadt und Polizei hat versagt«, stellt Ina Scharrenbach, Sprecherin der CDU im Untersuchungsausschuss, fest.

Eine Polizistin fährt kurz vor ein Uhr in einem Bulli auf der Deutzer Seite vor und bittet, den Fußweg zu sperren. Als die Frau vom Ordnungsamt sich daraufhin selbst ein Bild von dem Engpass machen will, hat sich die Lage schon wieder entspannt. Auf die Frage, ob sie bei dem Einsatz rückblickend Fehler erkennen würde, antwortet Silke S.: »Im Nachhinein ist man natürlich immer schlauer.«

»Das Problem ist erkannt«, vermerkt das Polizeiprotokoll. Um 1:44 Uhr

Alina K., 22, Kerstin T. und Esther J., beide 23, wollen nach dem Feuerwerkspektakel am Rhein zum Hauptbahnhof, in Richtung des Bahnsteigs der Gleise 10 und 11, um mit der S-Bahn zu Verwandten von Esther zu fahren, bei denen die drei Freundinnen für die Nacht untergekommen sind.

Es ist kurz nach ein Uhr, genau der Zeitraum, in dem vor dem Bahnhofseingang besonders viele Frauen Teil des Horrors werden.

Alina ist über 1,70 Meter groß, und sie selbst würde von sich nicht sagen, dass sie zierlich ist.

Und dennoch passiert etwas, was die Studentin auch ein Jahr danach nicht wird fassen können. Etwas, von dem sie sagen wird, dass sie sich »wie Fleisch« gefühlt habe. Und: »Das waren Menschen mit anderen Moralvorstellungen. Das müssen Leute gewesen sein, die Frauen nicht respektieren.«

Vor dem Eingang, mitten in der Menge, ist plötzlich Kerstin verschwunden, deren Hand sie gerade noch gehalten hat. Alina wird an der Tür von Männern, die sie sie nur als »Ausländer« wahrnimmt, eingekreist. Instinktiv, so erzählt sie, habe sie ihre Umhängetasche unter den Arm geklemmt. Plötzlich spürt sie, wie jemand ihre Strumpfhose unter dem Kleid greift. 30 Sekunden, so schätzt sie später, geht das so. Schubsen, Zerren, Grapschen. Überallhin. Alina wehrt sich, schlägt, tritt, kann sich schließlich irgendwie losreißen.

Vor dem Starbucks-Café in der Zwischenpassage finden die drei Freundinnen wieder zusammen. Erst jetzt realisieren sie, was gerade mit ihnen geschehen ist. Esther ist nicht im Intimbereich begrapscht worden, offenbar weil sie kein Kleid, sondern eine Jeans anhat. Aber ihre Handtasche mit dem Handy ist weg. Nur mit einem Riemen in der Hand steht Esther vor Alina. Und Kerstin? Ihre Tasche hat sie retten können, aber ihre Strumpfhose ist völlig zerrissen.

In der Passage, vor den Schaltern der Autovermietungen, setzen sich die drei fassungslosen Freundinnen auf den Boden. Als Erstes rufen sie Esthers Mutter an, um direkt alles sperren zu lassen: Handy, Geldkarte usw.

Dann wählt Alina die 110.

1:15

Polizist: »Polizeinotruf Köln.«

Alina K.: »Hallo, K. mein Name. Ein Frage: Wir wurden grad hier am Hauptbahnhof zu dritt überfallen, und wir wollten mal fragen, ob hier am Hauptbahnhof in Köln irgendwer von Ihnen anwesend ist.«

Polizist: »Was heißt denn überfallen?«

Alina K.: »Ehm, da kam eine Gruppe, ich sag mal, ausländischer Männer auf uns zu, hat zweien von, also dreien von uns die Tasche weggerissen und zweien von uns, wir konnten unsere Taschen noch festhalten, und eine hat alles verloren.«

Polizist: »O.k., ist das **im** Hauptbahnhof oder wo ist das?«

Alina K.: »Ja, ja, das war, also das war direkt vorm Hauptbahnhof, und wir stehen jetzt wo Europcar, Sixt und so weiter... Von vorne, also von der Domplatte praktisch.«

Polizist: »Wie lange ist das her?

Alina K.: »Zehn Minuten.«

Polizist: »Bitte?«

Alina K.: »Zehn Minuten.«

Der Polizist auf der Leitstelle tippt während des Telefonats ins Einsatzsystem eCebius, in dem auch die Führungsgruppe der BAO »Silvester« mitlesen kann. *»RaubTO / Raub, Täter am Ort«*, trägt er ein. »Täter am Ort«, also die Möglichkeit, wegen der zeitnahen Meldung genau diesen noch zu kriegen, bedeutet allerhöchste Priorität für die

Beamten. Im Schnitt aller nordrhein-westfälischen Polizeibehörden dauert es in diesen Fällen 5 Minuten und 48 Sekunden, bis eine Streife vor Ort ist, in Köln noch drei Sekunden weniger.

Polizist: »O.k. Und die Täter. Wie sehen die aus?
Alina K.: »Also wir können nur sagen, es war so ein Menschengedränge und, ohne das jetzt rassistisch zu meinen, aber es waren sehr viele, ich sag mal, schwarze Personen und ausländische Personen, die uns auf einmal alle angegriffen haben. Die haben mir zum Beispiel die Hose runtergerissen und das Kleid hochgerissen, und ich hab noch um mich geschlagen. Wir waren drei... drei Mädchen, äh und ja.«
Polizist: »Gut. Und Sie sind jetzt wo?«
Alina K.: »Wir sind jetzt noch im Bahnhof drin, äh, wo die ganzen Autovermietungen sind – Europcar, Sixt und so weiter, ja und, ehm, an der Bücherei Ludwig oder egal. Wir können eigentlich überall hinkommen.«
Polizist: »O.k., sagen Sie mal eben Ihren Namen zum einen.«
Alina K.: »Ja, eh, Alina K.«
Polizist: »O.k., einen Krankenwagen brauchen Sie nicht?«
Alina K.: »Nein, brauchen wir nicht.«
Polizist: »O.k., ehm, dann beschreiben Sie noch mal die Leute. Wenn Sie können ...«
Anruferin: »Ja, ich kann's wirklich nicht beschreiben. Es waren, ich kann einfach nur sagen, es waren ausländische Personen. Also, mehr kann ich dazu nicht sagen. Wir waren in einer Menschenmenge. Und auf einmal kamen 1000 Leute an, und ja.«
Polizist: »Also zur Beschreibung gar nichts? Alter oder Bekleidung?«
Anruferin: »Ne, können wir wirklich gar nichts sagen. Wir werden hier jetzt zum Beispiel schon wieder doof von der Seite angemacht.«

»Der Melderin wurde die Hose runtergerissen, einer anderen das Kleid fast vom Körper gerissen«, vermerkt das eCebius-Live-Protokoll nun. Und: »Mehrere Südländer haben der Melderin und ihren

Freundinnen die Handtaschen weggerissen.« Zusätzlich zum möglichen Raub wird ein Sexualdelikt (»Mit Eindringen – Kollegen klären das mit der K-Wache zur Zeit ab«) vermerkt. Der Beamte auf der Leitstelle bittet Alina, vor der Buchhandlung am Eingang der B-Passage des Hauptbahnhofs zu warten. Die Funkerinnen von Einsatzleiter Günter R. verfolgen die Aussagen von Alina und schalten sich um 1:19 Uhr ein: »Wir entsenden da mal Kräfte hin.«

Nun folgen bedenkliche Minuten. Alina wird später berichten, dass kurz danach ein Polizist in voller Montur (»mit Schutzweste und Schlagstock«) von draußen reingekommen sei. Diesem hätten sie erzählt, was passiert sei. Der Beamte habe die Mädchen dann gebeten, zur Wache der Bundespolizei im Bahnhof zu gehen. Alina sagt, sie hätte dem Polizisten geschildert, wie schlimm das Chaos am Eingang der A-Passage sei, wo sie selbst gerade Opfer geworden waren, und ihm gesagt, dass da dringend mal Einsatzkräfte hingeschickt werden müssten. Daraufhin habe der Polizist gemeint, dafür hätte er keine Leute. »Sie wissen gar nicht, was hier gerade los ist.«

Aus unerklärlichen Gründen wird der Fall von Alina, Kerstin und Esther plötzlich um 1:26 Uhr polizeiintern heruntergestuft, von Prioritässtufe 1 auf 4. Und im eCebius-System wird ein weiterer Zusatz vermerkt: »Anzeige wird auf der BuPol Wache erstattet, ist doch nur ein DB.« DB steht im Funkverkehr für Diebstahl.

Die drei Studentinnen gehen die wenigen Meter weiter zur Bahnhofswache, wo der Bundespolizist zunächst offenbar davon ausgeht, dass es sich um ein normales Eigentumsdelikt handle. Er bittet die Mädchen, am nächsten Tag wiederzukommen, um dann eine Diebstahlsanzeige in aller Ruhe aufzugeben. Sollen die Mädchen erneut vertröstet werden?

In diesem Moment sei sie, so sagt Alina, regelrecht »ausgerastet«, habe den Mann angeschrien, um endlich die ganze Geschichte erzählen zu können.

Die drei bleiben auf der Wache. In einem Warteraum treffen sie auf andere Opfer. Die Betroffenen tauschen sich über das Erlebte aus. Plötzlich sei ein Polizist vorbeigekommen und habe gemeint: »Na, Mädels, nächstes Jahr überlegt ihr euch aber, ob ihr nach Köln fahrt.« Den Namen des Beamten, so sagt Alina, hätten sie nicht rausbekommen, dafür habe sie nach »ein bis zwei Stunden« Wartezeit ihre Anzeige aufgeben können.

Als Alina, Kerstin und Esther auf der Wache warten, kommt Detlev M. herein. Der Einsatzleiter der Bundespolizei ist gerade noch im anstrengenden Einsatz auf der Hohenzollernbrücke gewesen. Auf dem Rückweg durch die A-Passage des Hauptbahnhofs hat er gesehen, was für ein Chaos dort herrscht, hat nun also mitbekommen, was wirklich los ist. »Die Wache war bis zu 120 Prozent, 130 Prozent ausgelastet«, erinnert sich M. später an diese Minuten gegen Viertel vor zwei Uhr. »Vorm Wachengebäude stand eine Vielzahl an Menschen, die eine Anzeige aufgeben wollten überwiegend wegen Diebstahls.« Aber eben auch erstmals wegen Sexualdelikten – so wie Alina, Kerstin und Esther. Sechs Frauen hätten zu der Zeit Anzeige erstattet, habe ihm sein Dienstgruppenleiter gesagt, berichtet Detlev M.

Er macht sich auf den Weg zum Vorplatz. Vor den Lichtstelen entdeckt er Einsatzleiter Günter R. Seit der Besprechung um 21:30 Uhr haben sie sich nicht mehr gesehen. Dieser, so sagt Detlev M., habe ihm berichtet, dass man auch im eigenen Bereich bereits Anzeigen habe, nach denen Frauen angegangen würden.

Für 1:44 Uhr vermerkt das Einsatzprotokoll der Bundespolizei: »*Das Problem ist erkannt und in Absprache mit PF Land gehen wir jetzt massiv gegen Nordafrikaner vor.*«

»Das Problem ist erkannt.« Um 1:44 Uhr.

Das ist fünf Stunden, nachdem Günter R. sich von seiner Tochter auf dem Bahnhofsvorplatz verabschiedet hat, um den Einsatz der Silvesternacht zu beginnen.

Vier Stunden, nachdem die Vertreter der Polizei und der Stadt Köln die Einsatzbesprechung beendet haben und die ganze Nacht trotz des Dramas auf der Hohenzollernbrücke nicht mehr miteinander gesprochen haben.

Drei Stunden, nachdem der erste Anruf auf der Leitstelle eingegangen ist, dass nicht nur geböllert und gejohlt, sondern auch gegrabscht werde.

Zwei Stunden nach der Räumung, die manches wohl noch verschlimmert hat.

Eine Stunde, nachdem Polizeikräfte auch noch vom Bahnhofsvorplatz abgezogen worden sind.

1:44 Uhr. Zu diesem Zeitpunkt, so wird zehn Monate später die Auswertung aller Strafanzeigen von Gutachter Rudolf Egg ergeben, haben bereits 90 Prozent aller Delikte stattgefunden. Hunderte Frauen und Mädchen sowie einige Männer, Freunde oder Väter waren da schon Opfer des Sex-Mobs von Köln geworden.

Der Groll über den »Na, Mädels«-Spruch des Polizisten auf der Wache hat sich elf Monate nach der Tat zumindest ein wenig gelegt. Alina, die sehr viel nachgedacht hat, findet ohnehin, dass der Polizei im Nachhinein zu einseitig Vorwürfe gemacht worden seien. Schuld seien doch in Wahrheit die Verantwortlichen aus der Politik, die einfach zu wenig Beamte zur Verfügung gestellt hätten. »Es waren einfach nicht genug Leute da, die hätten helfen können«, sagt Alina.

Esthers Handy aus der entrissenen Handtasche ist in der Zwischenzeit gefunden worden, unter der Matratze im Zimmer eines Flüchtlingsheimbewohners. Sie habe gehört, dass der Täter nie zur Rechenschaft gezogen worden sei, sagt Alina. Und das Verfahren wegen des Sexualdelikts? Das sei eingestellt worden.

»Geht weiter und fahrt nach Hause, ich kann euch nicht helfen« – auch die Polizei leidet

»Ich arbeite dann, wenn es erforderlich ist. Wenn der Ruf erfolgt, wird das selbstverständlich wahrgenommen«, sagt Burkhard Jahn, der Dompolizist mit den klaren Worten und dem großen Pflichtbewusstsein. Seit 2010 hat Jahn immer an Silvester in der Nachtschicht gearbeitet. In der Nacht, die Deutschland verändern sollte, hatte er »glücklicherweise oder nur« Spätdienst, wie er sagt – und schränkt zugleich ein: »Also, es war mehr der Wunsch meiner Familie als meiner persönlich.«

Als Burkhard Jahn aber am Neujahrstag zum Dienst auf der Innenstadtwache erschien und die Kollegen sah, die in der Nacht vor Ort gewesen waren, sei ihm sofort aufgefallen, dass diesmal etwas anders gewesen sein musste. Etwas, was er ganz selten bei Polizisten wahrnehme – zuletzt nach dem Einsturz des Kölner Stadtarchivs oder der Loveparade-Katastrophe in Duisburg. Nun also nach dem Silvestereinsatz. »Da habe ich solche Bemerkungen gehört, da habe ich solche Gesichter gesehen, und da habe ich solche Verhaltensweisen beobachtet«, erinnert sich Jahn. »Also, das muss offensichtlich ein Ausnahmezustand, eine wirklich unfassbare Einsatzlage gewesen sein.«

Wahr ist jedenfalls: Auch Polizisten wurden in dieser Nacht zu Opfern. Viele Einsatzkräfte haben auch knapp ein Jahr danach nicht verarbeiten können, was geschehen ist. »Sie sollten mir eins abnehmen«, bittet Einsatzleiter Günter R. mit einigen Monaten Abstand, »dass die Dinge, die da passiert sind, unheimlich schrecklich für uns sind, und dass das alle, insbesondere aber auch die jungen Kollegen der Einsatzhundertschaft, unheimlich betroffen gemacht hat.«

Die Polizisten stellen sich viele Fragen, machen sich selbst Vorwürfe: Was hätte früher erkannt werden können, was hätte anders gesehen werden müssen?

»Es sind viele nachbetreut worden, weil das für uns einfach unvorstellbar ist, dass diese Dinge, ja, in wenigen Metern von uns entfernt passiert sind und wir sie nicht mitbekommen haben«, sagt R. »Aber wir haben sie nicht mitbekommen …«

»Das hat was mit mir gemacht. Das macht auch immer noch was mit mir«, berichtet auch Martina Kaiser, als sie vor dem Untersuchungsausschuss aussagt. Obwohl sie schon über 36 Jahre bei der Polizei ist und zuletzt als Leiterin der Kölner Pressestelle quasi die »Stimme« der größten Polizeibehörde im größten Bundesland war, und obwohl die 58-Jährige selbst gar nicht im Einsatz war, hat diese Nacht das Leben von Martina Kaiser verändert. Es sei für die Polizeibeamten mit das Schlimmste, dass sie »ganz offensichtlich diese Straftaten, aus welchen Gründen auch immer, nicht mitbekommen haben«, sagt sie.

Nur eine Stunde, nachdem Polizeipräsident Wolfgang Albers am Nachmittag des 8. Januar von seinem Rauswurfgespräch bei Innenminister Jäger in Düsseldorf ins Präsidium nach Köln-Kalk zurückgekehrt war, hat Kaiser selbst um ihre Versetzung gebeten. Sie wollte einen »Neuanfang« – an der Spitze der Polizeikommunikation, aber auch für sich selbst.

Fünf Tage nach der Silvesternacht reisen mehrere eingesetzte Bundespolizisten nach Potsdam zu einem Gespräch mit Bundespolizeipräsident Dieter Romann. Sie hätten ihm »mit Tränen in den Augen« berichtet, wie Frauen eingepfercht worden seien in der Nacht und die Polizisten nicht hätten helfen können, so Romann. »Sie haben alles in ihren Kräften Stehende getan. Das nagt an den Beamten, es ist mit ihrem Berufsethos nicht zu vereinbaren, nicht helfen zu können.«

Die Polizei als Co-Opfer in dieser Nacht. Es ist eine These, die von vielen Verantwortlichen geteilt wird und für die es gute Gründe gibt. Aber diese Position wird über die vielen Monate der Aufarbeitung hinweg auch eine deutliche Trübung erfahren. Zu viele Details, zu viele Vorwürfe gegenüber – einzelnen, aber eben auch nicht wenigen – Beamten werden bekannt. Sie werfen Fragen auf wie: Wurden viele Frauen nicht ernst genommen, wurden Opfer von Sexualdelikten vertröstet oder gar weggeschickt?

Es sind längst nicht nur die Fälle wie der von Lisa aus der Oberpfalz mit ihren Cousinen, die bereits am Notruftelefon über fehlende oder abweisende Polizisten klagten, die dieses Bild mitzeichnen. Besonders erschütternd sind Schilderungen, die sich in den Anzeigen der Opfer wiederfinden. Es sind Berichte wie dieser hier aus den Akten der Ermittlungsgruppe »Neujahr«:

> *»Meine Freundin hat dann einen Polizisten angesprochen, der vor diesem Ausgang stand. Ich habe ihm geschildert, was mir passiert ist, und habe ihm auch die Männer gezeigt, die dies waren, denn sie waren noch vor Ort. Sie machten nicht den Eindruck, dass sie nun auf der Flucht wären, im Gegenteil: Die Gruppe der Männer hat hinter dem Eingang immer weitergemacht und auch andere Leute belästigt. Und dies alles unter den Augen des Polizisten. Deshalb habe ich ihn aufgefordert, hier einzugreifen, was er allerdings nicht getan hat. Er sagte zu mir persönlich: »Da kann ich nichts machen.« Die Namen dieses Polizisten weiß ich natürlich nicht. Ich hatte zu diesem Zeitpunkt auch eine Riesenwut, da ich in der Situation um Hilfe rief und keiner der Passanten geholfen hat, nicht einmal der Polizist.«*

Oder die unglaublichen Vorhalte, die zutage kommen, als eine Frau sich zehn Tage nach der Silvesternacht direkt an die Staatsanwaltschaft Köln wendet, um ausdrücklich eine Strafverfolgung gegenüber den Polizisten voranzutreiben. So berichtet die Frau unter anderem:

> *»Wir sind in dieser Nacht von ca. sieben Männern, die untereinander Arabisch geredet hatten, bedrängt worden. Wir wurden an die Wand gedrückt und zwischen den Beinen, an den Brüsten und am Kopf ›betatscht‹. Einer dieser Männer fasste mir zwischen die Beine, leckte sich seine Finger danach ab und versuchte dann, mir diesen Finger in den Mund zu stecken. Als wir uns wehrten, wurden wir auf das Übelste beschimpft, was ich hier nicht wie-*

derholen möchte, und brutaler angefasst. Wir haben uns zusammen losgerissen und sind Richtung Breslauer Platz gelaufen. Diese Männer liefen uns nach. Im Bereich des Kreisverkehrs standen an der Ecke zwei Polizisten. Beide Beamte sahen uns und auch klar und deutlich diese Täter. Wir sprachen die Beamten an, dass wir Hilfe benötigten, und versuchten, alles in der Hektik zu schildern. Nachdem die Täter sahen, dass wir zu den beiden Polizisten liefen, rannten diese zurück in die Menge. Der eine Polizist ließ uns nicht ausreden, der andere drehte sich in Richtung Rheinufer und tat so, als ob er da etwas Wichtiges zu schauen hätte. Uns wurde dann erklärt, wir sollten uns beruhigen, es sei sicherlich nicht so schlimm gewesen und sie könnten uns nur raten, da nicht mehr hineinzugehen, sie würden es auch nicht tun, und alles würde sich regeln. Meine Freundin schrie den Beamten an, dass es da drin brutal zuging, und er ermahnte uns, mit ihm anständig zu reden. Es kamen noch andere Frauen herbei, und wir waren uns alle einig, beide Beamte wollten oder durften nichts unternehmen. Es wäre sicherlich einfach gewesen, als wir auf beide zuliefen und um Hilfe riefen, sofort einen der Täter, der dicht hinter uns war, festzuhalten. Die Beamten taten das nicht.«

Das Problem an diesem Fall: Es handelt sich um eine anonym abgegebene Anzeige, Nachfragen sind für die Ermittler also kaum mehr möglich. Viele Vorwürfe kommen indes vermutlich gar nichts erst ans Tageslicht. »Zum Verhalten der Polizei oder sonstiger Personen, die als Schutz- und Ordnungskräfte vor Ort waren, gibt es nur in knapp sieben Prozent der vorliegenden Strafanzeigen verwertbare Hinweise«, stellt Kriminologe Rudolf Egg in seinem Silvesternacht-Gutachten fest. »Diese geringe Häufigkeit mag – ähnlich wie bei den Fragen nach der Bedrohlichkeit der Situation oder der psychischen Belastung der Geschädigten – vor allem daran liegen, dass solche Aspekte nicht regelmäßig bei der Anzeigenaufnahme nachgefragt bzw. erfasst wurden, sodass diese nur dann in die Anzeigen aufgenommen wurden, wenn sie für den konkreten Sachverhalt als besonders bedeutsam erschienen waren oder von den Geschädigten selbst thematisiert wurden.«

Was jedenfalls auffällt bei der Lektüre von Justizunterlagen ist, dass Opferangaben über angebliches oder tatsächliches Fehlverhalten durch Ordnungskräfte in denjenigen Anzeigen, die auf einer Wache im Bereich des Kölner Polizeipräsidiums gestellt wurden, selten bzw. nur dürftig in deren Protokollen vorkommen. Das Leid der Opfer wird sogar an manchen Stellen extrem verharmlost. In einer Strafanzeige vom 12. Januar heißt es zum Beispiel lapidar: »*Die Geschädigte wurde in der Silvesternacht aus einer Gruppe am Gesäß gestreichelt. Sie kann die Personen nur vage beschrieben. Entwendet wurde der Geschädigten nichts.*«

Sobald aber Opfer oder Zeugen auswärtige Dienststellen aufgesucht haben oder eine Anzeige online gestellt haben, sieht es oftmals anders aus.

Etwa beim Polizeipräsidium Wuppertal. Eine Schülerin aus Remscheid klagt in ihrer dortigen Strafanzeige vom 4. Januar, 12:59 Uhr, an: »*Irgendwie, wie wissen nicht wie, sind wir dann da raus gekommen und zum Bahnhof zur Polizei gelaufen. Die Polizisten, die wir angesprochen haben, haben uns nicht geglaubt und nicht geholfen. Es waren drei Polizisten und eine Polizistin. Die haben sich das Ganze nur angeschaut und uns nicht geglaubt. Wir sind darüber ziemlich entsetzt und auch verärgert.*«

Eine junge Frau aus Dormagen erscheint am Mittag des 5. Januar mit ihrem Vater bei der Kripo in Dormagen und erzählt über das mit ihrer besten Freundin Erlebte: »*J. und ich sind dann zu drei Polizisten gegangen, die standen am Bahnhof. Dort haben wir über den Vorfall berichtet. Die taten das aber ab und meinten, wir seien halt Mädchen und wir müssten immer mit so etwas rechnen.*«

Es ist nur ein Verdacht, aber einer, der immer wieder Nahrung kriegt: Werden Polizeifehler heruntergespielt oder gar ignoriert – insbesondere, wenn unmittelbare Kollegen betroffen sein könnten? Auch der Kriminalpsychologe Rudolf Egg hat zumindest festgestellt: Wenn die Schilderungen nicht von Dritten protokolliert, sondern von Opfern selbst verfasst wurden, etwa in E-Mails, ist mehr zu erfahren.

In jeder 30. Anzeige, resümiert Egg, seien Aussagen »zur Anwesenheit von Polizei- oder anderen Sicherheitskräften« enthalten, »die als nicht hilfreich erlebt wurden«. Dazu zählt auch Kritik an der Polizeitaktik, wie etwa jene, die von einer jungen Düsseldorferin zu Protokoll gegeben wurde: »*Ständig habe man ihr in den Intimbereich zwischen die Beine gefasst und ihr auch das Kleid hochgezogen. Sie habe sich durch die Menge auf der Domplatte unter ständigen Übergriffen ›gekämpft‹ und zu einer auf der anderen Seite stehenden Polizeikette bewegt. Dort wollte sie sich hinflüchten, aber die Polizisten wollten sie nicht durchlassen, sodass sie weiter auf dem Domplatz bleiben musste.*«

Eine andere Betroffene hatte sich mit anderen Frauen an die Wand gedrückt, um zum Eingang des Bahnhofs zu gelangen: »*Wir haben dann zwei Polizisten angetroffen und ihnen erzählt, was passiert ist, und ob sie uns helfen könnten. Einer von den Polizisten sagte: ›Geht weiter und fahrt nach Hause, ich kann euch nicht helfen.*‹«

In einem weiteren Fall, der Gutachter Egg besonders in Erinnerung bleibt, schilderte eine Frau die Situation, dass sie von Polizisten, die sie an einer Absperrung um Hilfe bat, abgewiesen und zurück in die Menge geschoben worden sei. »Zurück zu den Grapschern. Darüber waren die Frauen richtig wütend«, so Egg.

»Du kommst doch aus Köln, dann weißt du doch, dass du hier nicht feiern gehen darfst«

Vor über vier Jahrzehnten kam Alice Schwarzer nach Köln. Hier gründete sie die legendäre Frauenzeitschrift *Emma*. Im Bayenturm, einer mittelalterlichen Wehranlage am Rheinufer, ist ihr feministisches Archiv mit dem Titel »FrauenMediaTurm« untergebracht. Sie ist längst Teil und Identifikationsfigur dieser Stadt.

In den Tagen nach der Silvesternacht geben sich die Reporter, die aus aller Welt nach Köln geschickt wurden, bei Alice Schwarzer und ihrer Redaktion die Klinke in die Hand. Die *Emma*-Herausgeberin gehört sofort zu den tonangebenden Figuren in einer hitzigen Debatte über kulturelle Hintergründe, das Frauenbild im Islam und falsch verstandene Political Correctness. In einem Artikel vom 5. Januar spricht Schwarzer von »einer Gang-Bang-Party rund um den Kölner Hauptbahnhof« und warnt vor »blauäugigem Import von Männergewalt, Sexismus und Antisemitismus« – harte Worte, die Schwarzer zudem direkt an »die selbstgerechten »Antirassisten vom Dienst« adressiert.

Als im Herbst 2016 immer mehr Schilderungen über das Verhalten einzelner Beamter die Öffentlichkeit erreichen, schaltet sich Deutschlands bekannteste Stimme für die Frauen erneut in die Debatte ein.

»Auch ich hatte bisher die These vertreten, die Polizei sei selber Opfer gewesen: Opfer eines politischen Tabus beim Umgang mit Migranten und Flüchtlingen sowie ihrer Überforderung vor Ort«, schreibt Alice Schwarzer. »Doch folgt man den Aussagen der Frauen, war die Polizei nicht nur abwesend oder überfordert, sie hat zum Teil auch bewusst weggesehen oder sogar die Klagen der Frauen einfach nicht ernst genommen.«

Nicht ernst genommen zu werden – immer wieder kommt auch Etta Hallenga auf diesen Punkt zu sprechen, wenn sie zu den Ereignissen in Köln befragt wird oder zu ihren Motiven, nur wenige Wochen später im Straßenkarneval einen eigenen »Security Point« für Frauen einzurichten. Die Sozialpädagogin, WenDo-Trainerin und Traumatherapeutin arbeitet in der Frauenberatungsstelle Düsseldorf beim Notruf für vergewaltigte Frauen.

Die Angst davor, eben nicht ernst genommen zu werden, gerade von der Polizei – das erlebe sie ständig in der täglichen Arbeit, berichtet Hallenga. »Dahinter steht der Gedanke: Mir ist etwas so Unglaubliches passiert, was man sonst nur aus der Zeitung oder dem Fernsehen kennt oder von irgendwem aus der Nachbarschaft gehört hat, und dann passiert es mir selber – und das auch noch Silvester in einem öffentlichen Raum«, sagt sie. Weil es eben so unglaublich sei, bräuchten die Frauen jemanden, der einem glaubt. »Ernst nehmen, mit Achtung begegnen und das, was da passiert ist, nicht kleinreden«, fordert Hallenga ein.

Für Gutachter Egg ist es besonders wichtig, dass Frauen – wenn sie denn wollen – ihre Geschichte erzählen können. Denn selbst Freunden von Opfern ist das Erlebte zunächst überhaupt nicht nachvollziehbar gewesen.

So berichtet eine Betroffene: »*Ich hatte das Gefühl, die ersten Vertrauten, denen ich von meinen Erlebnissen ungefiltert und noch emotional geladen berichtete, konnten sich überhaupt nicht vorstellen, wie dramatisch die Situation tatsächlich war – nur diejenigen die selbst ebenfalls vor Ort waren und teilweise Anzeige erstattet haben. Erst nachdem es publik wurde, kamen die ersten Anfragen, war das denn wirklich so schlimm? Ja, das war es, eine derartig bedrohliche Situation habe ich vorher noch nie erlebt, und ich möchte es auch nicht wieder.*«

Doch genau das Gegenteil von »ernst genommen zu werden« ist in der Silvesternacht offenbar mehrfach geschehen. Derartige Vorwürfe gegenüber Ordnungskräften sind jedenfalls deutlich zu hören in Gesprächen mit Frauen, die im Bahnhofsviertel Opfer von sexuellen Attacken wurden, und sie sind auch schriftlich in mehreren Polizei- und Justizakten hinterlegt.

Eine junge Frau, die von einem nordafrikanisch aussehenden Mann am Kopf gepackt wurde, ehe dieser seine Zunge auf ihre Lippe drückte, schildert in einer Online-Anzeige vom 8. Januar ein anschließendes Gespräch mit einer Beamtin, das Rudolf Egg als »sehr zynisch« bezeichnet.

> »*Sexuelle Belästigungen erfährt man als Frau leider öfter, in diesem Ausmaß habe ich es aber noch nie erlebt. Leider waren die Polizisten vor Ort nicht sehr hilfreich. Eine Beamtin sagte zu mir (nachdem sie auf meinem Ausweis gesehen hat, dass ich in Köln*

gemeldet bin): »Du kommst doch aus Köln, dann weißt du doch, dass du hier nicht feiern gehen darfst.« Da ich erst seit einigen Wochen hier wohne und mich noch nicht auskenne, wusste ich dies eben nicht. Dass mir somit praktisch die Schuld zugewiesen wurde, ist für mich noch immer unbegreiflich.«

Auch bei der Aufnahme der Anzeigen in der Nacht ging es zum Teil ruppig zu. In der Polizeiwache Stolkgasse soll ein Polizist in Bezug auf die – noch potenzielle – Tätergruppe »Flüchtlinge« lakonisch reagiert haben. *»Er meinte, dass dies ein freies Land sei und wir die Regierung selbst gewählt hätten«*, heißt es in einer Anzeige.

Es sei »unerträglich«, sagt Rudolf Egg, dass den Frauen beim Kontakt mit der Polizei eine Mitschuld zugewiesen wurde. Er kritisiert generell die Anzeigenaufnahme, die oft oberflächlich und schematisch erfolgt sei und eine Aufklärung erschwere.

Auch das nordrhein-westfälische Innenministerium übt hier Kritik an der Arbeit der Kölner Polizei in der Nacht. »Für die Anzeigenaufnahme in der Polizeiwache standen zunächst nur zwei Beamte zur Verfügung, die um 03:00 Uhr durch zwei weitere Beamte unterstützt wurden. Dass für die Anzeigenaufnahme ab 00:00 Uhr nicht mehr Personal eingesetzt wurde bzw. die Verstärkung erst gegen 03:00 Uhr erfolgte, ist äußerst kritisch zu bewerten. Das PP Köln muss in der Lage sein, Geschädigten in einem angemessenen Zeitrahmen Gelegenheit zur Anzeigenerstattung zu geben«, heißt es in einem Bericht vom 11. Januar.

Tatsächlich habe die Überlastung nämlich dazu geführt, dass »Wartezeiten entstanden und Geschädigte die Polizeiwache wieder verließen, ohne zuvor Anzeige erstattet haben zu können. Dadurch entstand insbesondere bei den Opfern sexueller Straftaten der Eindruck, von der Polizei im Stich gelassen worden zu sein«, so das Ministerium.

Erst später kommt heraus: Es gab auf der Wache nur eine einzige Frau, die Anzeigen aufnahm – und die war heillos überfordert. Lilli

S., gerade mal 24 Jahre alt, erinnert sich daran, in der Nacht nur einen einzigen Übergriff registriert zu haben – und das war auch noch das allererste Sexualdelikt überhaupt in ihrer Polizeilaufbahn. Allein mit dieser Anzeige von drei Mädchen im Alter von 17 bis 20 Jahren war Lilli S. über zwei Stunden beschäftigt, weil sie immer wieder Rückfragen bei Vorgesetzten stellen musste. »Es war klar, dass ich die Arbeit, die ich alleine bewältigen musste, nicht erledigen konnte«, sagt Polizistin S., die inzwischen im Landeskriminalamt NRW tätig ist.

EIN SKANDAL IM SKANDAL: DIE NACHBEREITUNG WIRD GESTOPPT

Gegen die Polizei werden über die Monate mehr und mehr Vorwürfe bekannt. Das im Herbst veröffentlichte Gutachten von Rudolf Egg befeuert die Debatte um das Verhalten einiger Beamter in der Nacht zusätzlich. Meistens geht es bei den Vorwürfen um unterlassene Hilfeleistung. Dass allerdings viele der Vorfälle kaum noch aufgeklärt werden dürften, hängt auch mit einer politischen Entscheidung zusammen, die still und heimlich getroffen wurde. Für einige Beobachter ist sie ein Skandal im Skandal.

14. Januar 2016. Neben dem Landtag von Nordrhein-Westfalen fällt der Regen in den Rhein. Düsseldorf stellt sich wegen Tief »Emma« an diesem Morgen auf rapide sinkende Temperaturen und späteren Schneefall ein. Aber auch drinnen wird es ungemütlich, vor allem für Ralf Jäger.

Stundenlang wird der Innenminister brutal von der Opposition attackiert, immer wieder kommt Jägers persönliche Referentin Iris B. sichtbar hektisch zu ihm an die Regierungsbank, flüstert ihm etwas ins Ohr oder reicht ihm Unterlagen rein. Wird Jäger zurücktreten?

Dann, nach fast drei Stunden, tritt Jäger selbst ans Rednerpult. Nach Ministerpräsidentin Hannelore Kraft (»lückenlose Aufklärung«) verspricht auch er eine schonungslose Aufarbeitung. Im Plenarprotokoll finden sich Sätze von Jäger, die Monate später sowohl für Opfer als auch tatsächliche Aufklärer schal nachklingen werden.

> *»Meine Damen und Herren, ich stehe für eine offene Fehlerkultur der Polizei in Nordrhein-Westfalen.«*
> *(Lachen von der CDU – Zurufe von der CDU und der FDP)*
> *Da, wo Fehler identifiziert werden, werden sie als Fehler benannt.*
> *(Michele Marsching [PIRATEN]: Das haben wir im Innenausschuss gesehen! – Weitere Zurufe)*
> *Mit Fehlern wird offen, ehrlich und transparent umgegangen. Es gibt nur zwei Möglichkeiten, wie man mit Fehlern umgeht: sie ehrlich zu benennen oder sie zu vertuschen. Für Letzteres stehe ich nicht zur Verfügung.*
> *(Beifall von der SPD und den Grünen).«*

Es sind die Tage, in denen die Landesregierung gebetsmühlenartig ankündigt, die Ereignisse »restlos« aufklären zu wollen. Dazu gehört auch eine »umfassende Nachbereitung« durch die Kölner Polizei und das LZPD – angeordnet durch das Innenministerium am 6. Januar gemäß Polizeidienstvorschrift (PDV) 100, Landesteil C. Dort steht wörtlich:

> *»Die Einsatznachbereitung (PDV 100, Nr. 1.6.2.7) dient dazu, Führungsentscheidungen im Sinne kooperativer Führung transparent zu machen, Einsatzerfahrungen zu analysieren, zu strukturieren und über den eigenen Arbeitsbereich hinaus verwertbar zu machen, den Grad der Zielerreichung festzustellen, Lösungsmöglichkeiten für erkannte Schwachstellen zu erarbeiten und dadurch, die Qualität polizeilicher Arbeit zu sichern und zu steigern.«*

Bis Ende Februar soll ein offizieller Bericht vorgelegt werden, lautet die klare Maßgabe. »Bei der Nachbereitung von solchen Einsätzen geht es mehr darum, aus polizeifachlicher Sicht zu beurteilen: Wo gab es Fehler, Defizite, und wie kann man die in Zukunft einsatztechnisch beseitigen?«, erläutert Ralf Jäger. Kurzum: Was schiefgelaufen ist, wird benannt und abgestellt.

Doch eher zufällig, bei der Befragung einer Kölner Polizistin im Untersuchungsausschuss, kommt Mitte April heraus: Hinter den Kulissen, jenseits der Öffentlichkeit, hat das Ministerium diese Fehleraufarbeitung längst gestoppt. Die offizielle Begründung: Man wolle erst das Ende des Untersuchungsausschusses abwarten. Ralf Jäger wird sich im November auf den »Respekt« vor dem Parlament berufen.

Doch die Parlamentarier können kaum glauben, was sie da hören. »Wenn es eine Order geben soll, wie Sie sagen, ›Nachbereitung stoppen, während der Untersuchungsausschuss läuft‹, wie bereiten Sie denn den Silvestereinsatz 16/17 vor?«, fragt Martin Börschel (SPD) die Polizistin – und erhält prompt eine ziemlich trockene Antwort: »Wir hoffen, dass der Ausschuss rechtzeitig fertig wird.« Tatsächlich soll das Gremium Anfang April 2017 seine Arbeit beenden, wenn der Abschlussbericht im Landtagsplenum vorgestellt wird.

Der Stopp der eigenen Aufarbeitung wird von der Landesregierung als völlig normaler Vorgang dargestellt. »Selbst wenn wir diese Nachbearbeitung weiter vollzogen hätten bzw. hätten vollziehen lassen, wären allenfalls polizeifachliche Kenntnisse gewonnen worden«, verteidigt Ralf Jäger den Schritt. Allerdings geht es ja gerade um genau diese Erkenntnisse.

Und Jägers Argumentation gerät völlig ins Wanken, als die ebenfalls Vorwürfen ausgesetzte Bundespolizei mitteilt, dass ein Aussetzen der Nachbereitung wegen eines Untersuchungsausschusses undenkbar sei – sie selbst hat das Verfahren jedenfalls fortgeführt. Es sei »selbstverständlich«, dass man permanent Verbesserungen vornehme, so der Präsident der Bundespolizeidirektion Sankt Augustin, Wolfgang Wurm. »Ich glaube, wir wären auch als Polizei nicht richtig aufgestellt, wenn wir Optimierungsmöglichkeiten, die wir erkennen, dann nicht wahrnehmen«, sagt Wurm. »Meine Aufgabe ist, Gefahren für Personen abzuwehren und die Aufgabenwahrnehmung als Polizei jederzeit zu gewährleisten. Dazu zählt auch, wenn ich Optimierungspotenziale erkenne, die so schnell als möglich umzusetzen.«

Dass es also innerhalb der Landesbehörden möglicherweise auch noch eine andere Motivation für den Stopp gab, lässt der Leiter der Polizeiinspektion 1, Peter Römers, bemerkenswert offen durchblicken, als er selbst vom Ausschuss befragt wird: *»Wir können nur Früchte aus einer Einsatznachbereitung generieren, wenn wir dort sehr offen und ehrlich miteinander umgehen. Das heißt: Die beteiligten Beamten sind dort nicht in einem Zeugen-, Beschuldigten- oder Sonstwas-Status, sondern das sind Mitarbeiter, die eine offene Fehlerkultur betreiben sollen. Das fällt natürlich umso schwerer, wenn parallel zu einer solchen Einsatznachbereitung ein Untersuchungsausschuss schon in Arbeit ist oder schon aufgerufen ist und alle, die sich an dieser Einsatznachbereitung beteiligen – ich sage jetzt mal das böse Wort –, Gefahr laufen, dann anschließend hier vorgeladen zu werden, und sich nicht darüber im Klaren sind, ob sie vielleicht sogar in den Bereich einer Beschuldigung kommen. Ich kann mir vorstellen, dass darin der tiefere Sinn dieses Aussetzens der Nachbereitung liegt. Das ist aber mein Bauchgefühl und ist nicht die Begründung des LZPD zu dieser Frage. Dazu gab es aus meiner Sicht keine Begründung, sondern wir haben nur die Tatsache als solche zur Kenntnis genommen.«*

Zugespitzt übersetzt: Keine schonungslose Aufklärung – aus Sorge, zur Rechenschaft gezogen zu werden. In jedem Fall kommt es immer wieder dazu, dass bei den Verantwortlichen Abläufe und Pannen aus der Nacht nicht bekannt sind. »Ich muss ja gestehen, dass wir so tief in die Nachbereitung nicht haben einsteigen können«, erklärt etwa Innen-Staatssekretär Bernhard Nebe (SPD), als ihm Kommunikationsdefizite vorgehalten werden.

Auch andere wichtige Fragen, etwa warum für die Polizisten in der Nacht – mit Ausnahme der Wasserschutzpolizei – keine Vorrangschaltungen für die Handys eingerichtet waren, konnten noch nicht beantwortet werden, weil die Aufarbeitung gestoppt wurde. Dies räumt NRW-Inspekteur Bernd Heinen im November vor dem Untersuchungsausschuss ein. Hintergrund: Als Erkenntnis aus der Loveparade-Katastrophe sollen seit 2011 bei der Bereitschaftspolizei alle Diensthandys bis auf Zugführerebene über eine solche Sonderschaltung verfügen, um nicht abhängig vom bei Massenveranstaltungen stets schwierigen Netzempfang zu sein. In der Kölner Silvesternacht kam es trotzdem immer wieder zu Verbindungsproblemen.

Die rein juristische Aufarbeitung der Polizeifehler in der Kölner Silvesternacht hat unterdessen die Staatsanwaltschaft Aachen übernommen. Sie prüft mögliche Ermittlungen gegen Verantwortungsträger oder Einsatzkräfte. Allerdings zeigen sich hier mit der Zeit einige Probleme. Die Behörde sieht sich angewiesen auf die Ermittlungsergebnisse in den Kölner Strafverfahren zu den »eigentlichen« Delikten, und viele Zeugenerinnerungen, etwa an Gesichter von konkreten Beamten, verblassen.

»Die Ermittlungen gestalten sich insgesamt schwierig, aufwendig und langwierig«, zieht eine Sprecherin der Justizbehörde im Herbst eine Zwischenbilanz. Insgesamt 43 Verfahren gegen Unbekannt wurden bis dahin eingeleitet, 13 gegen namentlich bekannte Beschuldigte wie Expolizeipräsident Wolfgang Albers oder Ralf Jäger. Oftmals gehen diese Ermittlungen auch auf Anzeigen gänzlich Unbeteiligter zurück.

Die Verfahren gegen die Verantwortlichen der Stadt Köln, Oberbürgermeisterin Henriette Reker, den seinerzeitigen Stadtdirektor Guido Kahlen und Ordnungsamtschef Engelbert Rummel wegen unterlassener Hilfeleistung, Strafvereitelung im Amt bzw. Begünstigung sind schon im Frühjahr 2016 mangels Anfangsverdacht eingestellt worden. Die Vorwürfe gegen Albers und Bundespolizeichef Wurm werden noch geprüft, die Vor-Ermittlungen gegen Minister Jäger zwischenzeitlich an die Staatsanwaltschaft Düsseldorf abgegeben.

EIN WORT MACHT KARRIERE: »TAHARRUSH GAMEA«

Es dauert mehr als fünf Jahre, bis Lara Logan über das Erlebte so öffentlich sprechen kann, wie sie es schließlich im Frühjahr 2016 tut. »Sie griffen meine Brüste, zwangen die Hände in meinen Schritt, pressten sich von hinten an mich«, erinnert sie sich. Immer wieder habe sie »Stopp« gerufen. Vergeblich. »Je mehr ich schrie, desto mehr geilte sie das auf«, sagt sie. Dann habe auch noch jemand »Sie ist Israeli, eine Jüdin« gerufen. 25 Minuten dauerte der Horror.

Es geschah am 11. Februar 2011, dem Tag, an dem der ägyptische Machthaber Hosni Mubarak zurücktrat, mitten auf dem »Tahrir«-Platz in Kairo – dem »Platz der Befreiung«.

Lara Logan, eine südafrikanische Fernsehjournalistin, berichtete als Auslandskorrespondentin für das US-TV-Netzwerk CBS News über die Revolution in Ägypten. Mitten im frenetischen Jubel von mehr als 100 000 Menschen über den Sieg über das Mubarak-Regime wurde Logan Opfer eines völlig enthemmten Mobs von rund 250 Männern. »Sie rissen mir die Kleider vom Leib, ich spürte, wie mein BH aufschnappte, ich fühlte die Luft auf meiner nackten Haut«, blickt sie zurück auf den Vorfall zurück, den die damalige US-Außenministerin Hillary Clinton mit dem Kommentar »Es ist eine Schande« belegte.

Lara Logan verlor ihre Unterhose. Man griff an ihre Vagina. »Das ging nonstop, von vorne, von hinten«, so Logan. Sie wurde getrennt von ihrem Team. Der Mob riss ihr die Haare aus. »Ich dachte an meine Kinder, ich wollte nicht sterben«, so die Reporterin. Nach 25 endlosen Minuten des Horrors wurde Logan von einer Gruppe Frauen gerettet.

Der Mob schlug sie mit Fahnenstangen und Stöcken. Schaulustige machen Fotos und Videos, wie Lara Logan durch die Menge gezogen wird. Es sind Aufnahmen, die nach der Kölner Silvesternacht immer wieder auch bei der EG »Neujahr« der Kölner Kripo eingehen werden, als E-Mail-Anhang verschickt oder eingestellt über die Uploadportale von BKA, LKA und Polizei Köln. Von den Absendern werden die Bilder von Lara Logan als Ereignisse von Köln verkauft, nicht selten mit übelsten rassistischen Kommentaren.

Das Schicksal von Lara Logan lässt die breite westliche Welt zum ersten Mal ein Wort hören, das nach der Nacht von Köln erneut in aller Munde sein wird: »taharrush gamea«.

Viele Jahre kannte man diesen Begriff in Ägypten nur im Zusammenhang mit sexuellem Kindesmissbrauch. Das änderte sich nicht zuletzt mit dem Fall von Lara Logan.

»Taharrush gamea« oder »taharrusch dschamal« bedeutet »gemeinschaftliche Belästigung«. Die Wissenschaftler des Kriminalistischen Instituts im Wiesbadener Bundeskriminalamt sehen eine Übernahme des Begriffs auf die Ereignisse in Deutschland als kritisch an, auch ägyptische Frauenrechtlerinnen weisen auf die Unterschiede hin: Nicht zuletzt waren die Übergriffe von Kairo – zumindest anfänglich – politisch motiviert, als Schlägerbanden, sogenannte Baltagiya, im Dienste entmachteter Funktionäre des gestürzten Präsidenten Mubarak Stimmung machten.

Die ägyptische Aktivistin Mariam Kirollos weist auch darauf hin, dass in Kairo anders als in Köln etwa Alkoholmissbrauch keine so große Rolle gespielt habe und das eine Massenfeier eben etwas anderes sei als eine Demonstration.

Dennoch ist unstrittig, dass die Art der Tatbegehung in anderen Teilen der Erde bekannt war, nicht nur in Nordafrika, sondern auch auf vergleichbare Weise in Indien, Pakistan, Bangladesch und Nepal. Dort kennt man die sexuellen Belästigungen bzw. Übergriffe auf öffentlichen Plätzen unter dem Begriff »eve teasing« (»Eva necken«).

Hätten die Taten der Silvesternacht im Vorfeld also vorhergesehen oder zumindest erahnt werden können?

Die Antworten, die die Mitglieder des Untersuchungsausschusses des Landtags über die Monate der Aufklärung auf diese Frage erhalten, sind nahezu immer identisch, egal, woher die Zeugen kommen. »Die Ereignisse, insbesondere der Umfang und die Form der Tatbegehung, konkret die in Gruppen begangenen sexuellen Übergriffe, waren nicht vorhersehbar – dies stellt sich auch im Rückblick so dar«, sagt etwa Bundesinnenminister Thomas de Maizière. An einer Stelle jedoch hören die Parlamentarier auch ein bemerkenswert selbstkritisches Wort, und zwar ausgerechnet von jemandem, der in der polizeilichen Zuständigkeitskette nicht an vorderster Stelle mit internationaler Phänomenanalyse beschäftigt ist.

Der frühere Polizeipräsident Wolfgang Albers teilt offen die Gedanken, die ihn seit der Silvesternacht plagen.

»Ich habe dann auch noch mal nachträglich recherchiert und habe festgestellt, dass es zu solchen massenhaften sexuellen Übergriffen zum Beispiel in Ägypten auf dem Tahrir-Platz gekommen ist. Insofern stellt sich mir im Nachhinein die Frage, ob man dieses hätte erkennen können und auch auf Köln bzw. die Bundesrepublik hätte runterrechnen müssen. Das ist eine Frage, die völlig berechtigt ist. Und ich stelle mir die persönlich auch, ob das nicht dann meine Aufgabe gewesen wäre, noch mehr darauf zu drängen, dort Erkenntnisquellen auszuschöpfen. Denn mir war im polizeilichen Strang von solchen Ereignissen, dass sie jetzt eventuell auch in Deutschland vorkommen, nichts bekannt geworden. Aber das hätte wahrscheinlich dann auch meines Anstoßes bedurft.«

Das BKA zieht in seinem Bericht in der Tat einige Parallelen zu den Sexattacken in anderen Ländern: »Bei den Vorfällen in der Silvesternacht 2015/2016 in Köln und anderen Städten Deutschlands wurden viele Flüchtlinge und andere Personen mit Migrationshintergrund als Tatverdächtige identifiziert. Gerade für diese Personengruppe treffen besondere Faktoren zu, die sich als problematisch erweisen und in diesem Kontext als Erklärungsansatz fungieren können.«

Die Experten sprechen von einer »sozialstrukturellen Benachteiligung von Personen mit Migrationshintergrund als wesentlichen Erklärungsansatz für die Begehung von Straftaten«, in der Wissenschaft als »Anomietheorie« bezeichnet. Wörtlich heißt es in der Analyse: »Gerade bei Flüchtlingen und Asylsuchenden kommt eine besondere soziale Lage hinzu. Die Isolierung vom Arbeitsmarkt erschwert die soziale Integration auf unterschiedlichen Ebenen (persönlicher Austausch, finanzielle Teilhabe, Anerkennung). Andauernde Perspektivlosigkeit in Form von fehlenden Chancen auf Asyl und Arbeit kann als Auslöser für Frust und Aggression gewertet werden. Darüber hinaus ist das soziale Leben in der Flüchtlingsunterkunft überwiegend vom Einfluss männlicher Personen geprägt (Milieu-Effekte). Zudem bestehen Barrieren im Kennenlernen weiblicher Personen (Sprachkenntnisse, Wohnungssituation, Aufenthaltsstatus) und damit erschwerte Möglichkeiten zur Beziehungsgestaltung und Familiengründung. Kriminalitätshemmende Faktoren wie die Integration auf dem Arbeitsmarkt bzw. im Bildungssystem und die familiäre Eingebundenheit und Fürsorge kommen bei dieser besonderen Tätergruppe kaum zum Tragen.«

Doch in Wahrheit hätte es wohl einer Menge Fantasie bei den Polizeien aller Ebenen bedurft, um vorauszusehen, was tatsächlich geschah.

Für ihren Abschlussbericht, der den Innenministern elf Monate nach der Silvesternacht vorgelegt wurde, haben sich die LKA-Experten aus sieben Bundesländern zusammen mit Bundespolizei und BKA noch einmal mit großem Aufwand durch die Polizeidatenbanken des Vorjahrs gewühlt.

Das Fazit dieser »Retrograderhebung 2015« ist eindeutig: »Im Ergebnis dieser Betrachtung ist feststellen, dass es im Vorfeld zur Silvesternacht keine Vergewaltigung/sexuelle Nötigung aus Personengruppen heraus bei Veranstaltungen oder Menschenansammlungen gab.«

»ES FÄLLT NICHT LEICHT, MIT DIESER MELDUNG ZU LEBEN«

Sie sei eben eine Frühaufsteherin, sagt ihre frühere Chefin über Natalie S. Selbst am Neujahrsmorgen, obwohl sie schon in der Nacht mehrmals von der Leitstelle geweckt worden ist und nicht viel geschlafen hat, tritt die 36-Jährige ihren Dienst im Polizeipräsidium in Köln-Kalk um 7:15 Uhr an, eine Dreiviertelstunde vor dem eigentlichen Beginn. Immerhin, dafür wird sie früher nach Hause gehen an diesem ersten Tag des Jahres. Die Beamtin arbeitet in der Pressestelle und ist dafür zuständig, die Medien über die neuesten Entwicklungen auf dem Laufenden zu halten. Die Nachricht, die sie um 8:57 Uhr abschickt, wird sie noch lange verfolgen. »Mir ist es nicht einfach gefallen, in den letzten Wochen mit dieser Meldung zu leben«, sagt Nathalie S. dazu später.

Die Nachricht trägt die Überschrift »Ausgelassene Stimmung, Silvesterfeierlichkeiten weitgehend friedlich«. Darin heißt es: »Wie im Vorjahr verliefen die meisten Silvesterfeierlichkeiten auf den Rheinbrücken, in der Kölner Innenstadt und in Leverkusen friedlich. Die Polizisten schritten hauptsächlich bei Körperverletzungsdelikten und Ruhestörungen ein. (...) Kurz vor Mitternacht musste der Bahnhofsvorplatz im Bereich des Treppenaufgangs zum Dom durch Uniformierte geräumt werden. Um eine Massenpanik durch Zünden von pyrotechnischer Munition bei den circa 1000 Feiernden zu verhindern, begannen die Beamten kurzfristig die Platzfläche zu räumen. Trotz der ungeplanten Feierpause gestaltete sich die Einsatzlage entspannt – auch weil die Polizei sich an neuralgischen Orten gut aufgestellt und präsent zeigte.«

Eine peinliche Falschmeldung, die einen großen Teil dazu beitragen wird, dass die Kölner Silvesternacht ein bundesweites, gar weltweites Thema wird. Opfer und Zeugen der Silvesternacht sehen in dem Polizeibericht den ersten Hinweis darauf, dass die Vorgänge am Hauptbahnhof vertuscht werden sollen. Tatsächlich lag der Polizeiinspektion 1 bereits um 7:32 Uhr eine Meldung vor, in der von massiven sexuellen Übergriffen berichtet wurde. Um 13 Uhr verabschiedet sich Natalie S. in den Feierabend. Erst am nächsten Tag um 16:58 Uhr revidiert die Polizei ihre Darstellung.

»Köln ming Stadt ... was ist aus dir geworden?«

Die öffentliche Empörung über den Silvestermob nimmt am Mittag des 1. Januar Fahrt auf. Der allererste Bericht über die Vorfälle erscheint bei Facebook in der eigentlich unpolitischen Gruppe »Nettwerk Köln«. Die Gruppe hat immerhin 142 000 Mitglieder, das sind ungefähr so viele Menschen, wie in der Stadt Heidelberg leben. Dort postet auch ein Augenzeuge der Übergriffe seinen Erfahrungsbericht:

> *»Guten Morgen liebe Netties, Ich bin entsetzt was sich da gestern für Horrorszenen am Kölner Hauptbahnhof abgespielt haben. Weinenden nach Frauen nach zigfachen sexuellen Übergriffen in der Menge, immer wieder Schlägereien und Polizeieinsätze (...) tausende betrunkene junge zumeist arabisch sprechende Männer welche Frauen behandelten als wären sie ›Freiwild‹. Man wird jetzt sagen das ist alles so nicht wahr, aber ich stand Mittendrin*

mit meiner Freundin an der Hand, was leider nicht verhinderte dass auch ihr immer wieder unter das Kleid gefasst wurde. Sie ist immer noch völlig fertig aufgrund dieser Szenen und hat Angst, irgendwann mal wieder alleine durch so etwas hindurch zu müssen. Ist es das wofür ich den Inhalt meines Kleiderschranks gespendet habe? Ist dass das neue Köln? Ist dass das neue Deutschland? Köln ming Stadt... was ist aus dir geworden?«

Der Beitrag wird zigfach geteilt, bringt eine Kommentarwelle ins Rollen. Viele Einträge sind offen fremdenfeindlich. Der Administrator nimmt den Bericht deshalb wieder von der Seite. Doch die Proteste gehen weiter, und sie werden so heftig, dass die Betreiber die Nettwerk-Gruppe schließlich sogar vorübergehend schließen müssen. Initiator Phil Daub, ein früherer Moderator des Musiksenders VIVA, erklärt das den Nutzern: »Das Nettwerk ist derzeit nahezu ein Kriegsschauplatz verbaler Gewalt, gegenseitiger Schuldzuweisungen, Aufrufe zur Lynchjustiz, Beleidigungen, Pöbel, Hetze und Rassismus.« Dies könne er nicht akzeptieren.

Schon am Neujahrsmittag berichten auch die Online-Ausgaben der Kölner Zeitungen über die Übergriffe der Nacht. »Sexuelle Belästigung in der Silvesternacht: Frauen im Kölner Hauptbahnhof massiv bedrängt«, schreibt der *Kölner Stadt-Anzeiger* um 13:21 Uhr. Auch die Debatte bei Facebook wird in dem Bericht erwähnt. Die Beiträge hätten eine »ausländerfeindliche Tendenz«, heißt es dort.

Polizeiabteilungsleiter Düren erkennt ein »erhebliches Verhetzungspotenzial«

Nein, der Kölner Hauptbahnhof sei »nicht kuschelig«, stellt Wolfgang Düren, der Leiter der Polizeiabteilung im Düsseldorfer Innenministerium, vor dem Frauenausschuss des Landtags fest. Er laufe jeden Tag da durch, berichtet der Spitzenbeamte. Das sei nicht angenehm. »Es gibt da Angsträume«, so der dreifache Familienvater. Dass die Beleuchtung schlecht ist, weiß er, weil er oft erst am späten Abend mit dem Zug aus Düsseldorf zurück nach Köln kommt. Die Beobachtung der Missstände am Hauptbahnhof gehört für Düren unfreiwillig zum Alltag.

Zur gleichen Zeit, als in den sozialen Netzwerken die Diskussion über Zeugenberichte aus der Silvesternacht beginnt, verbreitet sich die Nachricht über den Sex-Mob auch auf den polizeilichen Kanälen. Wolfgang Düren verbringt den Neujahrstag zu Hause in Köln. Es gehört zu seinem Pflichtbewusstsein, dass er sich auch außerhalb der Dienstzeiten regelmäßig über die Lage im Land informiert – mithilfe seines Mobiltelefons. »Okay, während ich schlafe, gucke ich nicht drauf, die Referatsleiter auch nicht. Aber Sie können davon ausgehen, dass wir ganztägig das verfolgen, was eingeht, und dass auch reagiert wird. Sie dürfen sicher sein, dass wir uns auch außerhalb der Dienstzeiten regelmäßig miteinander verständigen«, sagt der Ministerialdirigent dazu den Innenpolitikern des Landtags.

Um 14:39 Uhr registriert der Jurist die interne Nachricht zu den sexuellen Übergriffen am Kölner Hauptbahnhof. Er hat die WE-Meldung zeitgleich mit Minister Jäger erhalten. »Ich habe ihr eine gewisse politische Wertigkeit zugeordnet, weil ich wahrgenommen habe, dass es elf sexuelle Übergriffe gegen Frauen gegeben hat durch eine Gruppe von nordafrikanischen Männern. Das schien mir politisch bemerkenswert. Ich hatte damals schon das unsichere Gefühl, dass das möglicherweise Gegenstand der Berichterstattung im Innenausschuss sein könnte«, räumt er am 21. Januar ein.

Auch der damalige Kölner Polizeipräsident Wolfgang Albers erkennt sogleich die politische Dimension der Übergriffe und dass sie »ganz erhebliche politische Auswirkungen auf die Einschätzung der Flüchtlings- und Integrationspolitik« haben würden – so wie es ja auch gekommen sei. »Dessen war ich mir sehr wohl bewusst«, so Albers bei seiner Vernehmung. Und: »Ich bin wirklich fest davon ausgegangen, dass die Einschätzung im Ministerium so geteilt wird.«

Das Lagezentrum im Innenministerium an der Düsseldorfer Friedrichstraße ist der Seismograf für die innere Sicherheit im Land. Dort gehen die WE-Meldungen der 47 NRW-Kreispolizeibehörden rund um die Uhr ein – in den Monaten vor der Silvesternacht sind das im Schnitt gut 52 am Tag. In der Kommunikationszentrale arbeiten normalerweise rund um die Uhr drei Beamte pro Schicht. Wenn es eine große Bedrohungslage gibt, kommt dort auch der Krisenstab des Landes zusammen.

Am Neujahrstag 2016 hat der Polizeibeamte Marko L. den Hut auf im Lagezentrum. Als er die WE-Meldung der Kölner Polizei erhält, erkennt auch er sogleich die Brisanz des Vorgangs.

Denn: L. verschickt die Information über die Kölner Silvesternacht an den »Verteiler WE Asyl groß«, durch den auch die Staatskanzlei, das Justizministerium, die Bezirksregierung Arnsberg und der Krisenstab unterrichtet werden. »Aufgrund der exponierten Örtlichkeit und dem möglichen Sachzusammenhang mit der Flüchtlingsthematik schien eine Informationssteuerung an die Staatskanzlei geboten«, heißt es dazu im Entwurf eines Antwortkatalogs des Ministeriums für den Kölner *Express*. In der Version, die später den Journalisten geschickt wird, fehlt diese äußerst schlüssige Erklärung allerdings. Diese frühe Einschätzung der politischen Dimension passt so gar nicht in das Bild, an dem später eisern festgehalten wird.

Marko L. versieht die WE-Nachricht aus Köln bei seiner Bearbeitung zusätzlich mit drei Ausrufezeichen. Das, so L., sollte dem Innenminister die besondere Bedeutung der Nachricht signalisieren. »Hier ist eine WE-Meldung, die von der Polizei ist und über das Lagezentrum der Landesregierung an ihn geschickt wurde – in der Regel etwas Wichtiges«, sagt er dazu im Untersuchungsausschuss.

Obwohl also den Experten, die im Polizeiapparat über den Vorgang informiert sind, bereits am Neujahrstag klar ist, dass es sich bei dem Silvester-Mob am Kölner Hauptbahnhof um einen Vorgang von höchster Brisanz handelt, rührt sich die politische Spitze des Landes nicht. Es dauert dreieinhalb Tage bis zu einem ersten – schriftlichen –

Statement des Innenministers, vier Tage bis zu einer öffentlichen Regung von Ministerpräsidentin Kraft und insgesamt zehn Tage, bis sich die Regierungschefin in der ARD-Sendung *Hart aber fair* bei den Opfern entschuldigt. Die Landeregierung verschanzt sich hinter einer Sprechregelung, die sie in der Folgezeit gebetsmühlenartig wiederholen wird. »Da die Dimension bis zum 04.01.2016 weder für das Innenministerium noch für die Staatskanzlei erkennbar war, bestand insofern kein Anlass zu handeln«, erklärt die Staatskanzlei. Der Inspekteur der Polizei, Bernd Heinen, sagt am 21. Januar im Innenausschuss, wegen elf sexueller Übergriffe, ohne weitere Kenntnisse über die Tiefe der Vorfälle, hole er den Minister nicht aus dem Bett. Das wäre aber auch gar nicht nötig gewesen – um 14:36 Uhr hatte Ralf Jäger die WE-Meldung bereits persönlich erhalten.

DAS LANGE SCHWEIGEN DER HANNELORE KRAFT

1. Januar 2016: Es ist 19:55 Uhr, als im WDR-Fernsehen das Gesicht von Ministerpräsidentin Hannelore Kraft erscheint. Die Regierungschefin verliest ihre Neujahrsansprache. Im Hintergrund ist die historische Fachwerkkulisse des Örtchens Freudenberg im Siegerland zu sehen. Die Szenerie wirkt idyllisch.

Es ist die sechste Neujahrsansprache der Ministerpräsidentin. Ihre zweite Wahlperiode geht langsam auf die Zielgerade. Um Kraft zu verstehen, muss man wissen, wie es dazu kam, dass sie die mächtigste Frau Nordrhein-Westfalens wurde.

Kraft kommt aus kleinen Verhältnissen. Der Vater ist Straßenbahnfahrer, die Mutter Schaffnerin. Sie schafft den Aufstieg, studiert Wirtschaft und wird Ökonomin. In der SPD muss sie sich gegen Platzhirsche durchboxen. »Alte Männer« in der Partei machen ihr das Leben schwer, sie hat viele Neider. Kaum ist sie Landtagsabgeordnete, wird sie 2001 auch schon Europaministerin.

Nach der Niederlage von Peer Steinbrück bei der Landtagswahl 2005 steht die SPD vor einem Scherbenhaufen. Kraft übernimmt die undankbare Aufgabe, einen Neustart einzuleiten. Anfangs wird die neue Fraktionschefin noch belächelt. Auch ehemalige SPD-Granden trauen ihr den Job nicht uneingeschränkt zu. Kraft peilt genau, wer es gut mit ihr meint und wer nicht. Nur der kleine Kreis ihrer engen Mitarbeiter genießt ihr volles Vertrauen. So entsteht schon in der Oppositionsphase eine Wagenburgmentalität, die stilprägend wird. Fast alle »Starthelfer« werden später mit Regierungsämtern belohnt. Anja Surmann, im Büro von Kraft für Grundsatzfragen zuständig, wird Staatssekretärin für Bundesangelegenheiten. Büroleiter Karl-Heinz Krems steigt zum Justizstaatssekretär auf. SPD-Landesgeschäftsführer Bernd Neuendorf erhält den Posten des Staatssekretärs im Familienministerium. Thomas Breustedt, Pressesprecher der SPD-Fraktion, wird Staatssekretär und Regierungssprecher. Surmann und Breustedt gehören zum Verteilerkreis, an den die brisante WE-Meldung über die Silvesternacht vom 1. Januar in der Staatskanzlei gesteuert wird.

Krafts wichtigster Berater in der Oppositionsphase ist Pressesprecher Breustedt. Der Kölner war selbst Landeskorrespondent in Düsseldorf, bevor er die Seiten wechselte. Er weiß, wie er die NRW-Korrespondenten zu nehmen hat, und kennt die Zutaten, die eine »gute Geschichte« ausmachen. Breustedt hat meist genügend brauchbaren Stoff in der Schublade. Kraft kommt oft dazu, wenn sich Journalisten morgens auf dem schwarzen Ledersofa im Büro des Pressesprechers treffen. Breustedts gute Kontakte sind für die neue Fraktionschefin Gold wert. Obwohl im Landtag lange kaum jemand an einen Wahlerfolg im Jahr 2010 glaubt, hat sie eine »gute Presse«. Mit ihrer Kampagne für ein sozialgerechtes NRW (»kein Kind zurücklassen«) kann sie bei den Wählern punkten. CDU-Ministerpräsident Jürgen Rüttgers, dem Affären den Wahlkampf verhageln, wird schließlich durch die Bildung einer rot-grünen Minderheitsregierung aus dem Amt gedrängt.

Seit dem 14. Juli 2010 residiert Kraft im Regierungstrakt der Düsseldorfer Staatskanzlei. In ihrem Büro in der zehnten Etage stößt sie dort zwei Jahre später gemeinsam mit ihrer Familie auf ihre fulminante Wiederwahl an.

Doch die Euphorie lässt auf der Strecke nach. Der Streit um die von ihr beabsichtigten Streichungen bei der Beamtenbesoldung kratzt Krafts Image an. 2014 liefert sie der Opposition zudem eine »Funkloch-Affäre« frei Haus. Dabei geht es um die Erreichbarkeit von Kraft während der Urlaubszeit. Als bei einem Unwetter in Münster zwei Menschen sterben, erklärt Kraft, sie habe während ihres Urlaubs in Brandenburg in einem Funkloch gesteckt. Später muss Kraft einräumen, sie habe doch Kontakt nach Düsseldorf gehabt. Ihre Glaubwürdigkeit nimmt Schaden. Das tut ihr weh.

Kraft kann freundlich, kumpelhaft und lustig sein. Sie gefällt sich in der Rolle der Ruhrgebietsfrau, die weiß, wo den Leuten der Schuh drückt. Wenn es gut läuft, ist die Regierungschefin zugänglich, lässt sich bei Landtagssitzungen bereitwillig mit Gästen fotografieren. Wenn es schlecht läuft, kann sie fuchsig und aufbrausend werden. Mit privaten Kontakten geht die Ministerpräsidentin sparsam um. Als sie und Ehemann Udo bei einer Afrikareise ihr Eheversprechen erneuern, erfahren das auch viele Spitzengenossen erst aus den Medien.

Die Neujahrsrede 2016 beginnt mit einem großen Dankeschön an die Menschen, die ehrenamtlich engagiert sind. Die Integration von Flüchtlingen sei für alle eine große Herausforderung. »Ja, wir können zuversichtlich sein«, sagt Kraft. Auch sie spüre allerdings, dass bei vielen das »Gefühl der Unsicherheit gewachsen« sei. »Wir haben in den vergangenen Monaten vielleicht deutlicher als früher erlebt, wie nah das Weltgeschehen inzwischen vor unserer Haustür angekommen ist.« Dann stellt Kraft klar: »Ich habe großes Vertrauen in die Polizei und Justiz, auch wenn es zur Ehrlichkeit gehört, dass es absolute Sicherheit nicht geben kann. Deshalb muss jede und jeder Einzelne wachsam bleiben. Entscheidend ist aber, dass wir uns unsere Art zu leben erhalten.« Auch die Flüchtlinge selbst müssten bei der Integration mitwirken: »Es geht darum, möglichst schnell unsere Sprache zu lernen und natürlich unsere Regeln und Werte zu achten«, sagt Kraft.

Die Rede wurde vor dem Jahreswechsel aufgenommen. Da ahnt Kraft noch nicht, wie aktuell ihre Bemerkungen zu Integration und Sicherheit durch die Silvesternacht bald werden sollten. Die Zuversicht der stellvertretenden SPD-Bundesvorsitzenden wird schnell zu

Makulatur. Nur wenige Tage nach den Silvesterübergriffen wird das Ausweisungsrecht mit Unterstützung der Sozialdemokraten massiv verschärft. Asylbewerber, die Straftaten begehen, können schneller ausgewiesen werden. Der erwünschten Willkommenskultur wird ein repressiver politischer Kurs entgegengesetzt.

Der späte Weckruf

Genau sechs Monate später. Im Untersuchungsausschuss gibt sich Kraft betont locker. Als sie den Sitzungssaal betritt, scherzt sie mit dem Vorsitzenden, besorgt sich erst mal ein Sitzkissen für den Vernehmungsstuhl. Kraft beginnt ihre Erklärung mit einer ausdrücklichen Entschuldigung bei den Betroffenen. »Den Opfern ist schreckliches Leid zugefügt worden und viele haben noch heute daran zu tragen. Als Frau kann ich mich in diese Situation einfühlen.« Warum ließ ihre Reaktion dann so lange auf sich warten?

Nach dem Jahreswechsel wollte sie eigentlich noch eine Woche Urlaub machen, berichtet Kraft. »Da ich ja sonst wenig Gelegenheit habe, Arztbesuche durchzuführen, waren dort einige Termine für mich schon verabredet«, sagt die Regierungschefin. »Ich bin dann am Sonntag zurückgekommen und habe dann am Montag die Presseschau gelesen, weil es auch die erste Presseschau war, die nach der Winterpause wieder erschienen ist.«

Dabei, so sagt sie dem Gremium, sei sie beim Durchsehen auf einen Artikel des *Kölner Stadt-Anzeigers* gestoßen, der auf Seite 30 des Medienspiegels der Staatskanzlei abgedruckt war. Darunter befand sich ein Kommentar von Chefredakteur Peter Pauls. Pauls formulierte bereits am 3. Januar die Tags darauf publizierte Kritik am Schweigen der Politik: »Was sich jetzt ereignet hat, mag als Entwicklung überraschend sein. Dass indes auch Tage später kein Verantwortlicher öffentlich ein Signal gibt, man werde derartige Zustände nicht hinnehmen, ist bedenklich. Wenngleich es ins Bild passt. Darf man mit Reaktionen nur innerhalb von Kernarbeitszeiten rechnen?«

Um 13:21 Uhr greift Kraft zum Telefon, um Innenminister Jäger zu erreichen – zunächst zwei Mal vergeblich, bis Jäger um 13:41 auf Krafts Handy zurückruft. Der erkundigt sich anschließend bei seinem Polizeiinspekteur Bernd Heinen nach der Kölner Lage. In einem erneuten Telefonat zwischen Jäger und der Regierungschefin, das 18 Minuten später stattfindet, will Kraft zum ersten Mal von der »Dimension der Vorfälle« erfahren haben. Jäger gibt am gleichen Tag das erste Statement zu den Übergriffen gegenüber dem *Express* und dem *Stadt-Anzeiger* ab; beide Zeitungen der DuMont Mediengruppe hatten bei Jäger zuvor angefragt. »Wir nehmen es nicht hin, dass sich nordafrikanische Männergruppen organisieren, um wehrlose Frauen mit dreisten sexuellen Attacken zu erniedrigen«, erklärt der Innenminister. Ein spätes Erwachen.

Regierungssprecher Thomas Breustedt weist die Verantwortung dafür von sich. Er beruft sich darauf, dass es am Neujahrswochenende keine Medienanfragen zu dem Thema an die Staatskanzlei gegeben habe. Auch die überregionalen Medien seien erst später in das Thema eingestiegen. Um die Online-Auftritte der regionalen Medien zu beobachten, fehle das Personal. Die Digital-Auftritte von *Express* und *Kölner Stadt-Anzeiger* mit insgesamt elf Artikeln über den Silvester-Mob in den ersten drei Tagen des Jahres verzeichneten 1,3 Million Aufrufer. Auch die *Kölnische Rundschau, BILD, Focus, Rheinische Post* und die *Süddeutsche Zeitung* informierten frühzeitig, einige unter Berufung auf eine Meldung der Deutschen Presse-Agentur (dpa) vom 2. Januar, wonach es bereits 30 betroffene Frauen gebe. Die Bundespolizei erstellt für den 3. Januar gar einen Sondermedienspiegel. Jens Flören, Pressesprecher der Direktion Sankt Augustin, erklärte als Zeuge vor dem Untersuchungsausschuss, unter welchen Voraussetzungen dieser zusammengefasst wird: Dies geschehe immer dann, »wenn es einen besonderen Sachverhalt gibt, der für uns für die mediale Bewertung im Rahmen der Öffentlichkeitsarbeit von Bedeutung ist oder wo wir annehmen, vermuten können, dass er auch für die Einsatzschiene oder für die Behördenleitung von Bedeutung sein könnte.« Im gedruckten *Sonntag-Express* vom selben Tag wird ein Artikel über den »Horror vom Hauptbahnhof« auf Seite 1 angekündigt. Der Text, der bereits am Tag nach Neujahr online zu lesen ist, berichtet Schockierendes. Darin heißt es etwa:

> *»Als wir aus der Bahnhofshalle kamen, waren wir sehr verwundert über die Gruppe, die uns da empfing«, erzählt die Kölnerin. Es handelte sich ausschließlich um junge ausländische Männer. Katja hakte sich bei einer Freundin ein, die andere junge Frau bei ihrem Freund. »Wir liefen dann durch diese Männergruppe. Es tat sich eine Gasse auf, durch die wir liefen. Plötzlich spürte ich eine Hand an meinem Po, dann an meinen Brüsten, schließlich wurde ich überall begrapscht. Es war der Horror. Obwohl wir schrien und um uns schlugen, hörten die Typen nicht auf. Ich war verzweifelt und glaube, dass ich rund 100 Mal auf den knapp 200 Metern angefasst wurde.« Dazu mussten die Frauen sich Sprüche wie »Ficki, ficki« anhören oder sie wurden als »Schlampen« beschimpft. »Ich habe zum Glück eine Hose und einen Mantel getragen. Einen Rock hätten man mir vermutlich vom Leib gerissen.« Ähnliches erzählte eine junge Frau auf der Wache der Bundespolizei im Hauptbahnhof. Auch sie war durch diese teils hochaggressive »Männergruppe« gelaufen (Schätzungen gehen von 40 bis 100 Tätern aus). Dabei wurden ihr die Strumpfhose und ein Slip fast komplett vom Körper gerissen.«*

Auf diesen frühen Artikel, dessen Schilderungen für ihn besonders beschämend seien, kommt Thomas de Maizières Stellvertreter, Staatssekretär Ole Schröder (CDU), bei einer Sitzung des Bundestags-Innenausschusses am 13. Januar gesondert zu sprechen. Der bei der Runde neben Schröder sitzende NRW-Minister Jäger und sein Umfeld, die sich wegen des langen Schweigens in Richtung der

Opfer zu Rechtfertigungen genötigt sehen, haben indes sogar noch Tage danach öffentlich behaupten lassen, dass es ja überhaupt gar keine Berichterstattung in Kölner Medien vor dem 4. Januar gegeben habe. Als diese Version auch in der breiteren Öffentlichkeit nicht mehr haltbar ist, wird die neue Verteidigungslinie festgezurrt, die Jäger als Zeuge vor dem Untersuchungsausschuss sogar im Mai noch mal wiederholt: »Ich habe diese Online-Meldungen in der Zeit vom 1. Januar bis 3. Januar persönlich nicht wahrgenommen, weil ich auf diesen Seiten in der Regel nicht unterwegs bin. Ich habe sie mir aber später vorlegen lassen. Nachdem sie mir vorgelegt wurden, habe ich auch nicht erkennen können, dass über diese Artikel die Dimension der Ereignisse auch nur ansatzweise erkennbar gewesen wäre.«

Welche »Dimension der Ereignisse« denn notwendig wäre, damit sich die Regierung rührt, lässt Minister Jäger auch ein Jahr nach der Silvesternacht offen.

Krafts Umfeld war informiert

Nicht nur Regierungssprecher Breustedt, auch das weitere persönliche Umfeld von Kraft war durch die WE-Meldung schon am 1. Januar informiert über die Geschehnisse in Köln. Allerdings: Auch dieser Sachverhalt wird erst durch Medienberichte Monate später enthüllt. Danach waren ihr Büroleiter, ihre Amtschefin und Staatssekretärin, Krafts direktes Vorzimmer sowie das Büro des Chefs der Staatskanzlei informiert. Der Vorgang tauchte zuvor in keiner der Darstellungen über die Kommunikation innerhalb der Landesregierung auf. Innenminister Ralf Jäger hatte gegenüber den Abgeordneten des Innenausschusses noch am 21. Januar behauptet: »Diese WE-Meldungen gehen an die Staatskanzlei, sie gehen nicht persönlich an die Ministerpräsidentin oder den MCdS.« MCdS steht für Minister und Chef der Staatskanzlei. Das ist der enge Kraft-Vertraute Franz-Josef Lersch-Mense (SPD). Zwei Sprecher des Innenministeriums teilten am

24. Februar mit, die Staatskanzlei sei nur deshalb informiert worden, weil der Sachverhalt auch das Justizministerium betroffen hätte. Dies erfolge standardmäßig, wenn eben zwei Ressorts betroffen seien, und sei nichts Besonderes. Das hieße aber wiederum, dass die Ministerpräsidentin bzw. ihr engstes Umfeld jedes Mal informiert würden, wenn eine Straftat im Raum steht – also fast immer bei Polizeimeldungen. Wenn der engste Kreis also im Bilde über die Silvestervorgänge war, warum wurde in der Sache nicht kommuniziert? Der CDU-Politiker Wolfgang Bosbach hält diesen Vorgang für bemerkenswert: »Wenn die Landesregierung behauptet, sie habe erst am 4. Januar von den Ereignissen erfahren, ist das schwer nachvollziehbar, denn ich kann mir nicht vorstellen, dass die Informationswege von Köln nach Düsseldorf derart verstopft gewesen sein sollen. Es gab ja Tausende, die dabei waren, massenhaft Informationen im Netz. All dies kann doch nicht Düsseldorf verborgen geblieben sein. Selbst wenn die Meldung nicht auf dem Dienstweg ankam, muss doch im Regierungsapparat jemand nachgefragt haben, was da in Köln los war.«

Hatten Krafts Vertraute womöglich Bedenken, die Chefin im Urlaub zu stören? Kraft sagt im Untersuchungsausschuss: »Das Verhältnis zwischen mir und meinem Team ist hervorragend. Und das bedingt auch, dass wir, wenn Urlaubszeiten die Möglichkeiten hergeben, auch dafür sorgen, dass der jeweils andere Ruhe hat.«

Das lange Schweigen nach der Silvesternacht wird für die Ministerpräsidentin zu einem Image-Problem. Bei der Loveparade-Katastrophe hatte sich Kraft unmittelbar nach ihrem Regierungsantritt 2010 den Ruf der »Kümmerin« erarbeitet. Sie nahm sich Zeit, um Angehörige und Opfer persönlich zu trösten. Auch beim Absturz der Germanwings-Maschine stand sie den Angehörigen bei. Wieso schweigt sie jetzt bei einem Skandal, der das ganze Land aufwühlt? Es gibt keinen Tatort-Besuch, keine TV-Interviews am Hauptbahnhof, keine Treffen mit Opfern. Die *Frankfurter Allgemeine Zeitung* urteilt, Kraft habe ihr sonst so sicheres »Gespür für das Menschelnde« verloren.

Die Ministerpräsidentin verweist darauf, für die Ansprache von Sexualopfern müsse man speziell ausgebildet sein. Der CDU-Abgeordnete Gregor Golland provoziert Kraft mit einer anderen Erklärung: »Seien wir doch mal ehrlich. Frau Kraft wäre tief betroffen auf der Domplatte erschienen und wahrscheinlich noch in Tränen ausgebrochen, wenn das ein rechter Mob gewesen wäre. Es waren einfach die falschen Täter.«

Die Ministerpräsidentin reagiert darauf verärgert: »Ich habe zunächst gedacht, ich hätte mich im Namen verlesen, das wär Herr Gauland (Fraktionsvorsitzender der AfD in Brandenburg, d. Red.) gewesen. Ich muss sagen, ich war schon erschüttert darüber, dass ein Kollege aus einer demokratischen Fraktion des Landtags Nordrhein-Westfalen solche Äußerungen tätigt.«

Letztendlich räumt Kraft nach Monaten schließlich eigene Versäumnisse ein: »Im Nachhinein betrachtet war es ein Fehler – das sage ich deutlich –, ein kommunikativer Fehler, nicht zeitgleich auch alle anderen Medien einzubeziehen und auch vor Kameras zu treten.«

Bei der Opposition in NRW bleiben Zweifel dran, ob die Neujahrs-Funkstille der Landesregierung tatsächlich so stattgefunden hat. CDU und FDP verlangen von Kraft, ihre Handydaten und die Kommunikation mit ihren Mitarbeitern offenzulegen. Dem begegnet die Ministerpräsidentin mit einer angeblichen »eidesstattlichen Versicherung«, in der sie beteuert, sich erst am 4. Januar mit den Silvesterübergriffen befasst zu haben.

Die Offenlegung wird mit der Begründung verweigert, interne Kommunikation gehöre zum sogenannten Arkanbereich der Regierung, der besonders geschützt sei und daher geheim bleiben müsse. Eine E-Mail von Regierungssprecher Breustedt vom 5. Januar an Kraft wird dem Ausschuss ebenso vorenthalten wie Kabinettsvorgänge oder das Protokoll einer Staatssekretärsrunde. Eine Veröffentlichung, so die Staatskanzlei, könne etwa »die Überzeugungskraft der im Nachgang von der Landesregierung getroffenen Entscheidungen« oder die »Funktionsfähigkeit der Regierung nachhaltig« beeinträchtigen.

Nach öffentlicher Kritik daran versucht es Kraft zunächst mit einem kleinem Stückchen Transparenz: Einem Teil der Ausschussmitglieder, so bietet sie während einer Pressekonferenz im Juni an, könne – streng vertraulich – Einblick in teilgeschwärzte Handydaten bis zum 4. Januar gewährt werden. Doch der Ausschussvorsitzende Peter Biesenbach (CDU) beharrt darauf, dass die Landesregierung volle Transparenz bis zum 15. Januar gewährt, wie es sein Gremium im Frühjahr beschlossen hatte. Angesichts der einschneidenden Bedeutung der Vorfälle sei es von besonderer Relevanz zu wissen, ob die Landesregierung in den ersten Januartagen »Herrin der Lage« war, schreibt er Ende Oktober in einem Brief an die Staatskanzlei. Die Bürger müssten zudem erfahren, ob die Öffentlichkeit wahrheitsgemäß und zeitnah informiert worden sei oder ob Informationen beschönigt worden seien. Mit Blick auf künftige Vorfälle müsse geklärt werden, ob die Unterrichtung von Kraft garantiert war oder ob »organisatorische Missstände« den Informationsfluss verhindert hätten.

Als SPD und Grüne Ende November 2016 mit ihrer Merheit im Ausschuss verhindern, dass die parlamentarischen Beschlüsse notfalls juristisch durchgesetzt werden, beschreiten CDU und FDP neue Wege. Die Oppositionsfraktionen beschließen, auf eigene Faust vor den nordrhein-westfälischen Verfassungsgerichtshof zu ziehen. »Mit der Klage wollen wir dem Landtag zu seinem Recht verhelfen. Nur durch eine vollumfängliche Aufklärung kann das mit der Silvesternacht in Köln bei vielen Bürgerinnen und Bürgern verloren gegangene Vertrauen in den Staat zurückgewonnen werden«, erklärt CDU-Obfrau Scharrenbach anschließend. »Die Geheimniskrämerei der Landesregierung ist inakzeptabel. Ministerpräsidentin Kraft und Innenminister Jäger haben stets vollmundig Transparenz versprochen, sind aber selbst nicht bereit, umfassend für Transparenz zu sorgen. Eine vollständige und lückenlose Aufklärung muss aber auch für eigene Verantwortungen der Landesregierung gelten«, teilt FDP-Mann Marc Lürbke nach der Entscheidung mit.

DER LÄSTIGE SKANDAL

»Ich will, dass nichts, aber auch gar nichts zum Einsatz in Köln offen bleibt, sondern alles offen und transparent gegenüber dem Parlament, gegenüber den Bürgerinnen und Bürgern, vor allem aber auch gegenüber den Opfern dieser Nacht dargestellt wird.«

Ralf Jäger, NRW-Innenminister, in der Sondersitzung des Landtags am 14. Januar 2016

Als er noch Oppositionspolitiker war, hat man ihm im Landtag den Spitznamen »Jäger 90« verpasst. »Jäger 90« ist der Name eines Kampfflugzeugs der Nato gewesen. Der Spitzname soll die manchmal überzogene Angriffslust des SPD-Politikers verballhornen. Der Duisburger nutzt jede Chance, den politischen Gegner anzugreifen. Jäger ist ein enger Vertrauter von Hannelore Kraft. Als sie 2010 Regierungschefin wurde, machte sie ihren Weggefährten zum Innenminister. Seitdem steht er selbst immer wieder im Fadenkreuz der Kritik. Das Land sei in seiner Amtszeit unsicherer geworden, hält die Opposition ihm vor. Die »Hogesa-Krawalle« in Köln, bei denen ein Polizeieinsatz gegen eine Hooligan-Demo am Kölner Hauptbahnhof gründlich danebenging, und Skandale um das Kölner SEK haben ihm 2015 politisch schwer zugesetzt. Nun steht er im Januar 2016 erneut mit dem Rücken zur Wand. Er gelobt Transparenz bei der Aufklärung, weist aber jede persönliche Verantwortung von sich. Im Innenausschuss des Landtags erklärt er am 11. Januar:

> *»Meine Damen und Herren! Ich kann verstehen, dass Sie aus der fachlichen Fehlentscheidung eines Polizeiführers vor Ort eine politische Verantwortung des Ministers machen wollen. Das wäre genauso, als würden Sie unterstellen, dass die Gesundheitsministerin selbst Blinddarmoperationen durchführt. Das ist völlig ausgeschlossen.«*

Diese Äußerung löst Empörung aus. Jäger entschuldigt sich schnell für den hinkenden Vergleich. Die Landesregierung verbreitet eine Erklärung des Innenministers, in der es heißt: »Mir lag vollkommen fern, das schreckliche Leid der sexuell belästigten Frauen in der Silvesternacht in Köln mit einer Blinddarm-OP zu vergleichen. Sollte dieser Eindruck entstanden sein, bedaure ich dies.«

Inhaltlich bleibt der Minister bei seiner Linie. Für Jäger kommt es in den nächsten Wochen und Monaten entscheidend darauf an, dass die Schuld an den skandalösen Vorgängen auch tatsächlich an der Kölner Polizei und nicht an ihm bzw. seinem Ministerium hängen bleibt.

Der mysteriöse Stornierungswunsch

Es ist gegen 13:30 Uhr am 1. Januar, als Jürgen H. auf der Kölner Kriminalwache erscheint, um Kriminalhauptkommissar Joachim H. als Dienstgruppenleiter (DGL) im Spätdienst abzulösen. Jürgen H. hat noch seine Jacke an, als er den Hörer des DGL-Telefons abnimmt. »Am anderen Ende meldete sich ein männlicher Anrufer, der stellte sich vor als Mitarbeiter der Landesleitstelle und hat mich dann ganz unmittelbar – ich muss sagen, in einer Art und Weise, die ich als sehr unhöflich empfand – unmittelbar auf diese WE-Meldung angesprochen. Sinngemäß lief das so ab: Ich habe hier eure WE-Meldung vorliegen. Das sind doch keine Vergewaltigungen. Das streicht ihr bitte, und ihr storniert die WE-Meldung«, erinnert sich der 53-Jährige. Dies sei ein »Wunsch aus dem Ministerium«.

Es ist ein ungeheuerlicher Vorgang, der die Aufklärer im Untersuchungsausschusses auch ein Jahr später noch beschäftigen wird und zu dem sich in einem – zehn Monate nach der Silvesternacht aufgezeichneten – Fernsehinterview sogar Bundeskanzlerin Angela Merkel (CDU) indirekt äußert. »Die Vorkommnisse waren schlimm, insbesondere für die betroffenen Frauen. Sie sind inakzeptabel bezüglich derer, die dort die sexuellen Verfehlungen oder die Gewalt oder die Anzüglichkeiten begangen haben. Aber das Allerschlimmste war, dass der Eindruck entstand: ›Das soll nun vertuscht werden.‹ Das ist genau die falsche Reaktion in jede Richtung«, so Merkel.

Joachim H., der die WE-Meldung selbst kurz zuvor, um 13:21 Uhr, abgesetzt hat und eigentlich schon mit einem Bein aus der Tür ist, bekommt das Ende des heiklen Anrufs bei Jürgen H. noch mit. Er hört, wie der Kollege sagt: Nein, man werde nichts stornieren, und auch die Vergewaltigung bleibe drin. Wenn das Ministerium eine andere Bewertung dazu habe, dann solle es sich direkt auf der Wache melden. Über den Anruf verfasst Joachim H. später diesen Vermerk:

> *»Noch während der laufenden Übergabe ging auf der Kriminalwache ein Anruf der Landesleitstelle (LLSt) ein. Den Anruf habe ich auf der Nebenstelle 8888 um ca. 13:30 Uhr entgegengenommen. In dem Telefonat wurde mir mitgeteilt, dass der in der WE-Meldung verwandte Terminus ›Vergewaltigung‹ gestrichen werden sollte. Dieses Anliegen wurde mir als ein Wunsch aus dem Ministerium erläutert. Ich habe dem Anrufer entgegnet, dass die hier bekannten und in der WE-Meldung beschriebenen Tathandlungen teilweise als Vergewaltigung gewertet werden müssen und dass dementsprechend so berichtet wurde. Sollte die rechtliche Bewertung dort zu einem anderen Ergebnis führen, möge man das nach*

hier mitteilen. Damit
ernde Telefonat einvern
lässt sich hier nicht me
nen männlichen Anruf
Frühdienstes, KHK H.

Der Vorgang, der hier be
Sollte es tatsächlich der V
den Begriff »Vergewaltig
Versuch der Verharmlosu
lefonat sei für ihr wie ei
später. »Da überhöht sic
allerdings: Joachim H. ha
bekommen und auch nic

Der Dienstgruppenlei
treter der Landesleitstelle
Die Behörde ist dem Inn
H. an seine Vorgesetzte, I
den »Stornierungswunsch
deutsam und informiert a
vor der Sondersitzung d
Dieter Schürmann sowie
Vermerke der Kollegen.
hat den Titel »Stornierun
rin berichtet sie, dass si
Wunsch des Landes info
nicht nachgeforscht, wer
männlicher Beamter war
Vorgang für sich. Da die
den sei, habe er der Info

Das ändert sich bald.
den brisanten Mail-Verk
titelt das Blatt. Es ist de

Trotz der eindeutigen Aussagen aus Köln verharrt das Innenministerium bei seiner Darstellung. Minister Jäger streut der Öffentlichkeit bei seiner Vernehmung am 9. Mai erneut Sand in die Augen: »Wir haben einen Erlass rausgegeben, dass die betroffenen Behörden – das ist Köln, das ist das Landeskriminalamt hier in Düsseldorf und das LZPD in Duisburg – uns zu berichten haben, welche Gespräche wann stattgefunden haben. Alle drei Behörden haben uns berichtet, dass ein solches Gespräch nicht stattgefunden hat.«

Erst als der öffentliche Druck auf Jäger durch Medienberichte immer mehr zunimmt, macht Innenstaatssekretär Bernhard Nebe (SPD) bei seiner Vernehmung durch den Untersuchungsausschuss schließlich reinen Tisch. Jägers »Darstellung sei unglücklich, eigentlich falsch« gewesen, räumt er ein.

Falschaussagen vor dem Untersuchungsausschuss können strafrechtlich verfolgt werden. Doch die peinliche Affäre hat für Jäger vorerst weder juristische noch politische Konsequenzen. Die Opposition belässt es bei scharfen Kommentaren. CDU-Obfrau Ina Scharrenbach erklärt: »Jäger hat damit den letzten Rest seiner Glaubwürdigkeit verspielt – nicht nur bei seinen Mitarbeitern, sondern auch bei den Opfern und in der Öffentlichkeit.«

Wer am Neujahrstag gegen 13:30 Uhr in der Kölner Kriminalwache angerufen hat, lässt sich technisch wohl nicht mehr nachweisen. Das wird bekannt, als die »Lösch-Affäre« ans Licht kommt, die zu einer Sondersitzung des Untersuchungsausschusses während der Sommerpause führt. Durch eine Auflistung von Telefon-Verbindungsdaten sollte geklärt werden, ob es das fragliche Telefonat zwischen der Landesleitstelle und der Kölner Polizei gegeben hat. Doch im Juli 2016 stellt sich heraus, dass die Daten offenbar unwiederbringlich gelöscht worden sind. Wie aus Schreiben des Innenministers an den Untersuchungsausschuss hervorgeht, hat die Polizei – trotz der Vorwürfe, die seit Monaten im Raum standen – erst am 2. Juni die Daten des entscheidenden Anschlusses der Kriminalwache gesichert. Die Folge: Wegen der automatisierten Löschung der Festnetzverbindungen konnten nur noch die Telefonaten ab dem 2. bzw. 3. Januar rekonstruiert werden. Ausgerechnet der entscheidende Tag, Neujahr, fehlt. Kann das noch Zufall sein? Das Rätsel um den Vertuschungsversuch jedenfalls bleibt.

Die Kölner Silvesternacht entwickelt sich durch immer neue Enthüllungen zu einer Staatsaffäre. Wie nervös die Akteure sind und unter welch hohem Druck sie stehen, macht ein Blick hinter die Kulissen deutlich.

»Oft sind nicht bestimmte Ereignisse das Problem, sondern der Umgang mit ihnen. Anders formuliert: In der Politik ist nicht selten der Umgang mit dem Problem problematischer als das Problem selber«, sagt der CDU-Bundestagsabgeordnete Wolfgang Bosbach.

Am 22. Januar schickt der Kölner *Express* einen detaillierten Fragenkatalog an Innenminister Jäger. Es geht unter anderem um das Wissen in der Staatskanzlei, die Ungereimtheiten bei der Zahl der tatsächlich eingesetzten Kräfte und weitere Widersprüche. Jägers Pressesprecher gibt die Fragen neun Minuten nach Eingang an die Fachleute im Haus weiter.

Am Samstagmorgen, um 8:45 Uhr, reagiert Gerhard K., Erster Polizeihauptkommissar aus dem für Einsätze zuständigen Referat 412, per E-Mail auf den umfangreichen Fragenkatalog. »Ich glaube, die spinnen«, schreibt er an seinen Kollegen, Polizeidirektor Armin H. »Wir warten bis zum 27.01.«

Dazu muss man wissen: Für genau diesen 27. Januar ist die Einsetzung des Untersuchungsausschusses terminiert – und damit gleichzeitig das Ende des zu untersuchenden Zeitraums. Nach diesem Tag erfolgte Vorgänge sind nicht unbedingt dem Parlament als Akten vorzulegen. Ein Zufall? Später bestätigt ein Ministerialer im Untersuchungsausschuss, dass dies tatsächlich die Taktik des Ministeriums gewesen sei. Man habe überlegt, bis zu diesem Tag zu warten, um dann die Herausgabe zu verweigern – mit der Begründung, der Respekt vor dem Parlament gebiete es, dass die Abgeordneten vor Journalisten informiert würden.

Nach dem Wochenende wird der Plan der verzögerten Presseauskunft aber auch schon wieder beerdigt – zunächst. Um 12:01 Uhr teilt Armin H. hausintern mit, dass in der Abteilungsleiterbesprechung am Morgen »beschlossen« worden sei, dass der Fragenkatalog doch beantwortet werde: »Im Hinblick auf einen Termin des Ministers am heutigen Nachmittag wird um zeitnahe Übersendung Ihrer Beiträge gebeten.« Bei dem Termin handelt es sich um ein Hintergrundgespräch, zu dem der Minister Journalisten eingeladen hat. Jäger will dafür offenbar bestmöglich vorbereitet sein. Ist er auch – seine Fachleute haben jedenfalls zügig die Antworten aufgeschrieben. In diesen findet sich unter anderem der bis dato völlig unbekannte Hinweis darauf, wer aus dem Umfeld von Hannelore Kraft aus welchem Grund am Neujahrstag informiert wurde. Außerdem findet sich die Auskunft, dass viel weniger Polizisten als bis dahin öffentlich behauptet während der Nacht am Kölner Hauptbahnhof im Einsatz gewesen sind. Die brisanten Infos behält Jäger aber für sich.

Nach dem besagten 27. Januar verweist sein Haus gegenüber dem *Express* tatsächlich auf den »Respekt vor dem Parlament«, wegen dem man nicht »vorgreifen« könne. Erst Ende Februar werden die Antworten der Redaktion schließlich übergeben. Doch die aufschlussreichen wie brisanten Auskünfte fehlen plötzlich – auch die zu der geringeren Kräftezahl und den informierten Kraft-Vertrauten.

Geschönte Informationen werden in der ersten Januarhälfte eben auch zur Zahl der Kräfte verbreitet, die in der Silvesternacht im Bahnhofsbereich zur Verfügung standen. In der Anlage zum Bericht des Innenministeriums für den Innenausschuss am 11. Januar heißt es, 142 Landesbeamte seien im Einsatz gewesen. Eine ähnliche Größenordnung nannte auch die Kölner Polizei bei all ihren öffentlichen Äußerungen. Damit sollte auch die These untermauert werden, man sei »gut aufgestellt« gewesen. Was dabei allerdings nicht gesagt wird: Diese Größenordnung bezieht sich auf die Zahl aller Beamten, die in der Silvesternacht in der gesamten Innenstadt im Dienst waren – inklusive Ringe, Rheinbrücken und Altstadt.

Erst zweieinhalb Monate nach Silvester werden die Angaben durch eine Medienanfrage deutlich nach unten korrigiert. Als Grund führt die Kölner Polizei eine »behördeninterne Fehlinformation in der frühen Phase der Berichterstattung« an. Statt über 140 seien nur rund 80 Beamte vor Ort gewesen – also 60 weniger als zuvor behauptet. Da es aber noch andere Einsätze in der Innenstadt gab und ein Teil der Bereitschaftspolizisten nach Mitternacht auf die Ringe verlegt wurde, ist Zahl der Einsatzkräfte, die am Bahnhof tatsächlich gegen den Silvester-Mob vorgingen, wohl erheblich geringer als 80. Was sich aus heutiger Sicht rekonstruieren lässt: Kurz vor der Räumung des Bahnhofsvorplatzes und der Domtreppe standen bis zu 2000 teilweise aggressiven Menschen gerade mal 38 Beamte (ein Einsatzzug) gegenüber.

Auch nach dieser Enthüllung versuchen Verantwortliche, zu relativieren. Diese Falschangabe sei ja schon im Januar gegenüber dem Innenministerium in Düsseldorf korrigiert worden, sagt ein Sprecher der Polizei, was tatsächlich richtig ist. Allerdings: Davon erfuhr die Öffentlichkeit nichts. Im Gegenteil, weiterhin ließen Ministerium und Polizei über Monate die falsche Zahl berichten.

Die immer neuen Enthüllungen zur Kölner Silvesternacht sorgen Anfang Mai für ungewöhnliche Maßnahmen. Die rot-grüne Regierungsmehrheit im Landtag will mehreren Medienberichten nun mit dem Staatsanwalt auf den Grund gehen. SPD und Grüne mutmaßen, dass Informationen aus den Reihen des Untersuchungsausschuss an die Öffentlichkeit gelangt sind, gehen von einer unerlaubten Weitergabe von Dokumenten aus, die »nur Landtagsabgeordneten und einem begrenzten Mitarbeiterkreis« zur Verfügung stünden, wie es in einem Antragsentwurf heißt. Sie fordern darin die Landtagspräsidentin Carina Gödecke (SPD) auf, sie solle die Ermächtigung zur Strafverfolgung durch die Justiz prüfen. »Wer vertrauliche Dokumente herausgibt, verstößt gegen Gesetze und gefährdet die Aufklärungsarbeit«, erzürnt sich SPD-Obmann Hans-Willi Körfges. Es dränge sich der Eindruck auf, als solle aus parteipolitischem Kalkül durch gezielte Indiskretionen über Bande gespielt werden. Als Verschlusssache eingestufte Dokumente müssten indes »absolut vertraulich« bleiben. Die zum Teil persönlichen Daten von Opfern hätten in der Öffentlichkeit nichts zu suchen. Matthi Bolte, Obmann der Grünen, erklärt: »Die Pressefreiheit ist ein hohes Gut. Wird allerdings durch gezielte Indiskretionen die Arbeitsfähigkeit eines Untersuchungsausschusses gefährdet, muss dies auch klar benannt werden.«

Seit den ersten Januartagen hat es immer wieder Veröffentlichungen unter Bezug auf interne Dokumente von Bund, Land, Stadt Köln und Deutscher Bahn gegeben. Auf eine mögliche Strafverfolgung von Personen aus Ministerien, Polizei und Justiz wollen SPD und Grüne indes verzichten – sie haben den politischen Gegner im Visier.

Der Deutsche Journalisten-Verband (DJV) attackiert nach Bekanntwerden der Pläne die Regierungsparteien. »Das ist eine Provokation, da in dem Moment, in dem hier Ermittlungen eingeleitet werden, natürlich auch die Journalistinnen und Journalisten in den Fokus geraten. Ich kann das Vorgehen nicht anders verstehen als einen ungehörigen Einschüchterungsversuch«, sagte DJV-Chef Frank Überall. Und fügt hinzu: »Die Grünen stehen sonst für Pressefreiheit und Bürgerrechte, und die SPD hat auf Bundesebene einen Koalitionsvertrag unterzeichnet, der den Schutz von Whistleblowern ausdrücklich erwähnt.«

Nach der massiven Kritik an der angeblichen »Maulwurfsuche«, die auch aus den eigenen Reihen kommt, knicken SPD und Grüne ein und verständigten sich auf eine neue Fassung des Antrags. Von staatsanwaltschaftlichen Ermittlungen ist nicht mehr die Rede. Stattdessen solle sich danach lediglich der Ältestenrat des Landtags mit den Vorwürfen befassen. Im Ergebnis erinnert die Landtagspräsidentin schließlich in einem Brief an Vertraulichkeitsvereinbarungen.

Was kann der Bevölkerung zugemutet werden?

Der Artikel trägt die Überschrift »Das Schweige-Kartell«. Darin befasst sich das Nachrichtenmagazin *Focus* mit der Kölner Silvesternacht. Der Fall zeige, wie sehr »deutsche Strafverfolger das Political-Correctness-Gen verinnerlicht« hätten. Die Wahrheit werde verschwiegen, um die Willkommenskultur nicht zu verschatten. Der *Focus* zitiert den früheren Bundesinnenminister Hans-Peter Friedrich (CSU): »An der ersten Reaktion der Kölner Polizei nach den Übergriffen hat man gesehen, dass ein vorauseilender Gehorsam gegenüber politischen Erwartungen existiert. Das sind Leute, die glauben, man müsse den Migrationshintergrund von Tätern verschweigen, weil die Bevölkerung nicht reif dafür sei.«

Indizien, die diese These stützen, finden sich auch in Protokollen des Düsseldorfer Landtags. Bereits am 23. Oktober 2014 hatte der Innenausschuss über die wachsende Kriminalität von Nordafrikanern debattiert. »Wer Flüchtlingseinrichtungen besucht, weiß, dass jedes Mal das Beispiel allein reisender nordafrikanischer Männer genannt wird, die Übergriffe auf andere Frauen tätigen«, sagt der Ausschussvorsitzende Daniel Sieveke (CDU) an die Adresse des Innenministeriums. Staatssekretär Bernhard Nebe rät dazu, die Probleme »interfraktionell« zu besprechen, und warnt davor, dass »die öffentliche Wahrnehmung« kippen könnte.

Lothar Hegemann, Landtagsabgeordneter der CDU, sagt der *Welt am Sonntag*, erst durch die Silvesternacht sei es zu einer politischen Zäsur gekommen. »Zum ersten Mal seit Jahren« hätten die Abgeordneten in der Sondersitzung des Innenausschusses im Januar »offen über Ausländerkriminalität reden können, ohne gleich als rechts beschimpft zu werden«. Der Autor des Berichts zieht daraus die Schlussfolgerung: »Im einwohnerreichsten Bundesland vollzieht sich ein politischer Klimawandel: mehr Inkorrektheit wagen.«

Auch nach der Entlassung des Kölner Polizeichefs bleiben Vertuschungsvorwürfe. Sie richten sich aber vor allem gegen Minister Jäger selbst. Als er in der Sondersitzung des Landtags am 14. Januar von Oppositionsführer Armin Laschet (CDU) und FDP-Fraktionschef Christian Linder aufgefordert wird, endlich zu sagen, wann er selbst was gewusst habe, beginnt Jäger, die WE-Meldung vom 1. Januar zu verlesen. Dabei lässt er ausgerechnet die Passage über die Vergewaltigung, das weitere Ausmaß sowie die Herkunft der Täter weg. »Das ist die WE-Meldung vom 1. Januar, 14:36 Uhr. Die habe ich erhalten«, suggeriert Jäger Vollständigkeit. Sogar im internen Landeslagebild der NRW-Polizei vom 4. Januar wird ausgerechnet diese Passage über die Vergewaltigung, die großen Sextätergruppen und den Hinweis auf das »nordafrikanische« Erscheinungsbild weggelassen. Das ist genau der Abschnitt, auf den auch bei dem mysteriösen »Stornowunsch-Anruf« vom 1. Januar Einfluss genommen werden sollte.

Immer wieder geht es ums Weglassen, Unterschlagen oder Streichen dieser Sätze – ist das noch Zufalll? Sollte die früh bekannte Dimension der Ereignisse im Nachhinein heruntergespielt werden – auch um das lange Zögern von Jäger und der Ministerpräsidentin zu rechtfertigen? Spielte vorauseilender Gehorsam eine Rolle?

Flüchtlinge als Tatverdächtige zu benennen gilt auch in der Polizei als politisch heikel. Das wird bereits in der internen Kommunikation in der Silvesternacht deutlich. Einsatzleiter Günter R. fordert seine Leitstelle noch in der Nacht auf, in einem ersten Bericht ans Land Ross und Reiter zu nennen. R. spricht von »bürgerkriegsartigen Zuständen« rund um den Hauptbahnhof – doch der Leitstellenbeamte Marco S. nimmt den Begriff nicht auf. Auch mit der Feststellung, bei der Personengruppe handele es sich »zu 80 bis 90 Prozent um Migranten und Flüchtlinge«, kann sich R. nicht durchsetzen.

Das begründet Marco S. im Untersuchungsausschuss so: »Das habe ich natürlich hinterfragt, wie er darauf kommt, dass es sich insbesondere um Flüchtlinge handelt. Ich muss Ihnen sagen: Ein Flüchtling ist für mich ein aufenthaltsrechtlicher Status. Das heißt, meiner Meinung nach kann man so was nur feststellen, wenn man eine Person kontrolliert, das heißt eine Identitätsfeststellung macht. Und das konnte er nicht belegen. Und aufgrund dessen habe ich – das sage ich auch ganz deutlich – diese Formulierung in dieser Meldung sehr, sehr kritisch gesehen.«

»Klarkommen« – ein Vorzeigeprojekt wird unliebsam

»Ich habe jetzt konsequent alle Interviewwünsche abgelehnt.«

Ulrike V.-D., Geschäftsführerin der Kölner Awo, zum Präventionsprojekt »Klarkommen«

Wenn es Politikern darum geht, der Öffentlichkeit ihre Handlungsfähigkeit bei aktuellen Themen unter Beweis zu stellen, können Vorzeigeprojekte eine wichtige Rolle spielen. Als die Arbeiterwohlfahrt (Awo) am 26. Oktober 2014 in Köln das Projekt »Klarkommen« für nordafrikanische Straftäter vorstellt, ist auch NRW-Innenminister Ralf Jäger dabei. Die Initiative in Köln basiert auf einer Kooperation zwischen der Polizei, der Stadt und dem Kreisverband der Awo.

Nach der Silvesternacht droht die wohlwollende Unterstützung durch das Innenministerium zum Problem zu werden. Journalisten rufen bei der Awo an und stellen unangenehme Fragen: Wie geht man dort mit der Klientel um? Gehören womöglich Projektteilnehmer zu den Tätern der Silvesternacht? Eine Vermutung, die sich später als zutreffend herausstellt. Im April wird bekannt, dass mehrere Tatverdächtige in dem Präventionsprojekt betreut wurden.

In den ersten Januartagen sieht sich die Geschäftsführerin der Awo immer mehr in Bedrängnis. Sie will offenbar keine Fehler machen, die dazu führen könnten, beim Innenministerium in Ungnade zu fallen. Das politische Geschäft ist ihr gut vertraut: Die Geschäftsführerin hat lange als Referentin für die SPD-Fraktion im Kölner Stadtrat gearbeitet, außerdem ist sie mit einem Bundestagsabgeordneten verheiratet. Am 8. Januar schreibt sie diese Mail an das Innenministerium, aus der hervorgeht, wie Journalisten abgewimmelt worden sind.

Von: Geschäftsführung der AWO (Frau V.-D.) Freitag, 8. Januar 2016 20:00

An: U., J.-K. (MIK)

Betreff: Presseanfragen Klarkommen

Hallo Herr U., kurze Info über den aktuellen Sachstand: Ich habe jetzt konsequent alle Interviewwünsche (auch von Stern TV, Westpol, ZDF Reportage, Monitor) abgelehnt und damit eigentlich nur Hintergrundinfos vermittelt. Begeistert waren die Herrschaften nicht, habe es aber mit dem berechtigten Schutz unserer Kunden und meiner Mitarbeiter begründet. Heißt, habe MIK und PP Köln argumentativ rausgehalten. Könnte aber sein, dass es trotzdem für Hintergrundrecherchen bei Ihnen weitere Anfragen geben wird. So weit der heutige Stand, verbunden mit der Hoffnung, dass Sie alle auch am Wochenende ein bisschen Luft holen können. Schönes Wochenende und herzliche Grüße, U. V.– D.

Das »Klarkommen«-Projekt steht bei der Aufarbeitung der Silvesternacht immer wieder im Fokus. Die Opposition nutzt die Initiative als Steilvorlage, um der Landesregierung eins auszuwischen und ihr einen zu nachsichtigen Umgang mit den »Nafris« zu unterstellen. In der Argumentation kommt ihr zugute, dass sich auch die Kölner Polizei bereits seit 2013 mit den Nordafrikanern beschäftigt hat.

Unter der Federführung des Kriminalkommissariats KK 41 wurde dort ein aufwendiges Analyseprojekt gestartet. Dabei wurde erstmals genau festgelegt, wie sich ein »Nafri-Delikt« definiert: Täter ist Angehöriger eines »Nafri«-Staats (Ägypten, Algerien, Libanon, Libyen, Marokko, Syrien und Tunesien), meist zwischen 15 und 25 Jahre alt.Begangen werden Raub-, Körperverletzungs-, BtM*- und Taschendiebstahldelikte.

Aus einer Auswertung, die nach der Silvesternacht 2015 bekannt wird, geht hervor, zu welchen Anteilen Migranten an begangenen Straftaten beteiligt waren. Demnach stammten nur etwa 0,5 Prozent aller Verdächtigen aus Syrien, und 40 Prozent aller Taschendiebstähle in Köln wurden von jungen Nordafrikanern begangen.

Auch in der Landesstatistik spiegeln sich Straftaten wider: 2013 wurden 13 109 Straftaten begangen, bei denen die Täter aus Algerien, Marokko und Tunesien stammten, 2015 waren es bereits 30 011 Straftaten. Anders als angenommen, wird die Nafri-Kriminalität nicht nur in den Ballungsräumen von NRW als Problem wahrgenommen.

Schlug das Land Warnungen über das kriminelle Potenzial von Nordafrikanern in den Wind? Davon berichtet jedenfalls der ehemalige Regierungspräsident von Arnsberg, Gerd Bollermann (SPD), dem Untersuchungsausschuss. Bollermanns frühere Behörde war in NRW lange allein für die operative Bewältigung der Flüchtlingsproblematik zuständig. Wenige Wochen, bevor er in Ruhestand gehen sollte, wurde Bollermann jedoch vom Innenministerium entmachtet. Vor dem Aufklärungsgremium nimmt er möglicherweise auch deshalb kein Blatt vor den Mund. Er habe viermal, zuletzt im Sommer 2015, schriftlich an Innenminister Jäger appelliert, »das Problem nicht kleinzureden«, berichtet Bollermann. Doch seine Botschaften seien »offensichtlich anders bewertet worden«. Anlass für die Schreiben seien zum einen Hilferufe mehrerer Bürgermeister gewesen, zum anderen hätten auch die Mitarbeiter in den Flüchtlingseinrichtungen das Aggressionspotenzial der Nordafrikaner beklagt. In der Umgebung der Erstaufnahmeeinrichtung in Hemer im Sauerland habe es immer wieder Konflikte mit Nordafrikanern gegeben. In Geschäf-

---

* Betäubungsmittel

ten seien Verkäuferinnen obszön beschimpft worden, auch »ältere Frauen« hätten darüber geklagt, dass ihnen auf der Straße aggressiv Geschlechtsverkehr angeboten worden sei. Die Provokationen seien auch »aus Gruppen heraus« erfolgt, so Bollermann.

Auch Expolizeipräsident Wolfgang Albers berichtet im Untersuchungsausschuss von einem zögerlichen Vorgehen gegen die »Nafris«: Er habe das Innenministerium gebeten, Abschnitte der Kölner Ringe, auf denen es immer wieder zu Trickdiebstählen und Körperverletzungen durch »Nafri-Antänzer« kam, durch Videokameras überwachen zu dürfen. Der Plan sei aber von der Landesregierung durchkreuzt worden. Nach einem Gespräch mit dem Büro von NRW-Innenminister Ralf Jäger sei das Thema »erledigt« gewesen, so Albers.

Erstaunlich, dass in Düsseldorf kein Konzept für ein landesweites Vorgehen gegen die »Nafris« vorhanden war. Obwohl die Dokumente der Behörden belegen, dass das Problem mit der Täterklientel polizeiintern seit Jahren bekannt ist, wurde das Landeskriminalamt offenbar erst durch die Silvesterereignisse aufgeschreckt. Ingo W., zuständig für Kriminalitätsangelegenheiten im Innenministerium, erklärte bei seiner Vernehmung, in seiner Abteilung sei nie über spezielle Strategien gesprochen worden. Es handele sich ja nicht um ein landesweites Problem. Die Behörden in Düsseldorf, Dortmund und Köln hätten »punktuell« auf das Phänomen reagiert.

DIE SUCHE NACH DEM SÜNDENBOCK

Frage: »Bleiben Sie Polizeipräsident in Köln?«
Albers: »Aber natürlich. Gerade jetzt bin ich, glaube ich, hier gefragt.«

Interview im WDR 5-Morgenecho mit Wolfgang Albers am Mittwoch, dem 6. Januar

Die Dienstbesprechung findet am 6. Januar im Düsseldorfer Innenministerium statt. Staatssekretär Bernhard Nebe hat den Kölner Polizeipräsidenten Wolfgang Albers in die Landeshauptstadt zitiert, um die Berichterstattung zu den Silvesterübergriffen aufzuarbeiten. Nebe, die »rechte Hand« von Innenminister Jäger, ist dafür bekannt, ein unbequemer Chef sein zu können. Als ehemaliger Landrat des Kreises Wesel hat er Erfahrung in der Lenkung großer Behörden. Ihm macht auch fachlich so schnell keiner was vor. In der Staatskanzlei leitete er sechs Jahre lang die Abteilung Recht und Verwaltung. 2014 geriet er nach dem Burbach-Skandal (ein Flüchtling war in einem »Frisierzimmer« von Aufsehern misshandelt worden) in die Kritik, weil er dem Innenausschuss einen Bericht über die Lage in den Asylunterkünften verspätet weitergeleitet haben soll.

Albers übernahm die Leitung des Kölner Polizeipräsidiums im Jahr 2011. Das war ein Aufstieg: Zuvor hatte der Jurist im Innenministerium gearbeitet, später neun Jahre lang die Bonner Polizei geleitet. Er gilt als exzellenter Kenner der Verwaltung und weiß, wie die Spielregeln der Politik funktionieren. Schon Anfang der 1990er-Jahre wechselte Albers in das Ministerbüro des damaligen NRW-Innenministers Herbert Schnoor (SPD), wurde später dessen persönlicher Referent. Den Job behielt er auch, als Franz-Josef Kniola (SPD) später das Amt von Schnoor übernahm. Bei Jägers Entscheidung, ihm die Verantwortung für die größte Sicherheitsbehörde des Landes zu übertragen, spielte – so ist jedenfalls die einhellige Lesart innerhalb der NRW-Polizei – wohl auch das Parteibuch eine Rolle. Albers ist seit über einem Vierteljahrhundert Sozialdemokrat.

Der Mann, der handgefertigte Hüte sammelt, stand schon vor den Silvesterereignissen immer wieder in der Kritik. Bereits bei den SEK-Skandalen der Kölner Polizei um erniedrigende Aufnahmerituale und nach den Krawallen bei der Demo »Hooligans gegen Salafisten« (Hogesa) wurden seine Führungsqualitäten angezweifelt. Bei dem Hogesa-Einsatz waren Polizisten verletzt worden, ein umgekippter Polizeiwagen wurde zum Sinnbild dafür, dass der Polizei die Kontrolle entglitten war. Bei der Aufbereitung fällt Beobachtern auf, dass Albers großzügig über widersprüchliche Darstellungen seines Chefs Jäger hinwegsieht. Doch dieser Treuebeweis zu seinem Dienstherrn zahlt sich nach Silvester nicht mehr aus. Die Zeiten, in denen Jäger seine schützende Hand über den Parteifreund hielt, sind nun vorbei.

Staatssekretär Nebe weiß, dass sein Minister politisch angezählt ist. Albers wird für ihn zum Blitzableiter. Er trägt schließlich die Verantwortung für die völlig missglückte Pressemeldung vom ersten Januar, in der über eine angeblich entspannte Einsatzlage berichtet worden ist. Auch seine Angaben über mögliche Tatverdächtige bleiben aus Sicht einiger zu sehr im Ungefähren.

Das wird Albers zum Verhängnis. Nebe wird später davon berichten, dass er erst bei dem Treffen im Innenministerium am 6. Januar davon erfahren habe, dass es sich bei den Tätern nicht um Mitglieder der Antänzerszene, sondern um Asylbewerber und Flüchtlinge handelt. Der Staatssekretär will Albers mit dem Auftrag zurück nach Köln geschickt haben, dies nun öffentlich klarzustellen. Der Hinweis auf die wahren Täter habe auch im ersten Bericht der Polizei Köln an das Innenministerium gefehlt. Nebe sagt dazu im Untersuchungsausschuss: »Ich wollte aber unbedingt vermeiden, dass man um dieses Thema einen Bogen macht. Das wäre Wasser gewesen auf die Mühlen derer, die von Schweigekartell und Lügenpresse reden.«

Auch die Kölner Oberbürgermeisterin Henriette Reker geht auf Distanz zum Polizeipräsidenten. Die Fakten, die ihr die Polizeiführung geschildert habe, gäben nicht das vollständige Bild der Einsatznacht wieder, kritisiert die parteilose Politikerin. Die Erklärungen der Polizei ließen für sie den »Schluss zu, dass die Polizei intern bereits seit Tagen über ein wesentlich differenzierteres Bild zur Lage am Silvesterabend und zur Herkunft von möglichen Tatverdächtigen verfügt, als mir dieses auf meine Nachfragen durch die Kölner Polizeiführung bislang vermittelt worden ist«.

Am 7. Januar will der Staatssekretär die Aufforderung, endlich Flüchtlinge als mögliche Täter klar zu benennen, wiederholt haben. Doch Albers bleibt zurückhaltend. So kommt es, dass der 8. Januar zum letzten Arbeitstag des Kölner Polizeipräsidenten wird. Um 14 Uhr betritt Albers das Büro des Innenministers, der ihm mitteilt, dass er in den einstweiligen Ruhestand versetzt wird. In einer Erklärung des Innenministeriums heißt es, Jäger habe in einem persönlichen Gespräch dem Kölner Polizeipräsidenten Wolfgang Albers mitgeteilt, dass er ihn in den einstweiligen Ruhestand versetze. »Meine Entscheidung ist jetzt notwendig, um das Vertrauen der Öffentlichkeit und die Handlungsfähigkeit der Kölner Polizei zurückzugewinnen.«, so Jäger.

Der SPD-Politiker hofft darauf, dass die Entlassung für ihn zu einem Befreiungsschlag in einer schwierigen Lage wird: In der ersten Januarwoche haben Medien aus aller Welt ihre Korrespondenten nach Köln geschickt. Auch die öffentlich-rechtlichen Medien sind groß eingestiegen, nachdem die Redaktionen den Feiertagsmodus beendet haben. ZDF-Vizechefredakteur Elmar Theveßen hat sich am 5. Januar dafür entschuldigt, dass der Sender zu spät in den Abendnachrichten über den Mob berichtet habe: »Die Nachrichtenlage war klar genug. Es war ein Versäumnis, dass die 19-Uhr-*heute*-Sendung die Vorfälle nicht wenigstens gemeldet hat.« In den *Tagesthemen* der ARD hat sich Bundesinnenminister Thomas de Maizière (CDU) zu Wort gemeldet und eine dringende Aufklärung der Ereignisse in der Kölner Silvesternacht sowie Konsequenzen gefordert: »So kann Polizei nicht arbeiten.«

Albers fügt sich murrend in sein Schicksal. Er hält die Vorwürfe, er habe die Herkunft der Täter verschleiern wollen, für »abstrus«. Später deutet der ehemalige Polizeipräsident an, der Innenminister habe sich durch die Entlassung vor allem selbst aus der Gefahrenzone bringen wollen. Bei seiner Vernehmung im Untersuchungsausschuss erklärt der tief im evangelischen Glauben verwurzelte Albers, er habe die biblische Bedeutung des Begriffs »Sündenbock« nachgesehen, »3. Buch Mose, Vers 16.«. Einen Vergleich mit seiner Entlassung hält er für gerechtfertigt: »Da ist wahrscheinlich etwas dran.«

SCHUTZ VON MINDERHEITEN ODER VORAUSEILENDER GEHORSAM?

»Ich wollte die Ministerpräsidentin mit der E-Mail davor behüten, dass sie falsche Schlüsse zieht.«

NRW-Innenstaatssekretär Bernhard Nebe vor dem Untersuchungsausschuss

»Ich kriege öfter Ratschläge, denen ich nicht folge.«

Ministerpräsidentin Hannelore Kraft vor dem Untersuchungsausschuss

Verschleiert die Polizei die Herkunft von Straftätern, um keine Ausländerfeindlichkeit zu schüren? Dieser Vorwurf wird schon lange vor der Silvesternacht in der politischen Diskussion über Ausländerkriminalität erhoben. Auch die Polizeigewerkschaften sind der Meinung, dass auf eine klare Transparenz bei der Nennung von Täternationalitäten aus Opportunitätsgründen verzichtet wird.

Die Kritik dreht sich auch um einen Erlass des NRW-Innenministeriums vom 15. Dezember 2008, den der damalige Ressortchef Ingo Wolf (FDP) verantwortete. »Auf die Zugehörigkeit zu einer Minderheit wird in der internen und externen Berichterstattung nur hingewiesen, wenn sie für das Verständnis eines Sachverhalts oder für die Herstellung eines sachlichen Bezugs zwingend erforderlich ist.«

Dieser Erlass rückt nach der Silvesternacht ins Rampenlicht. Die Sprachregelung, die in einem Runderlass zur Presse- und Öffentlichkeitsarbeit der NRW-Polizei vom 15. November 2011 erneut festgeschrieben wurde, wird als Erklärung für die Zurückhaltung der Kölner Polizei bei der Nennung der Täter herangezogen. Allerdings handelt es sich bei Flüchtlingen überwiegend nicht um Angehörige von nationalen Minderheiten, auf die der Erlass von 2011 ausdrücklich gemünzt ist. Deswegen ist er für diesen Vorwurf nicht geeignet. Eigentlich …

Darauf verweist auch Ministerpräsidentin Kraft in ihrer Landtagsrede am 14. Januar.

> *»Ich sage auch hier deutlich: In Nordrhein-Westfalen verschweigt die Polizei nicht die Herkunft von Straftätern. Sie verhält sich so wie alle anderen Polizeien in Deutschland. Es gibt in Nordrhein-Westfalen keine Anweisung, dass Nationalitäten in internen oder externen Polizeiberichten nicht genannt werden dürfen. In den Medien und den sozialen Netzwerken ist die Rede von einem Erlass (…) Bei diesem Erlass – das erkennt man schon an der Überschrift – geht es um nationale Minderheiten. Wenn man bei Wikipedia nachschaut, was ›nationale Minderheiten‹ sind, dann stellt man fest, dass dies in Deutschland beispielsweise die Sorben, die dänische Minderheit und Roma und Sinti sind. Es gibt gute Gründe dafür, dass wir bei Straftätern beispielsweise nicht sagen, dass es sich um Roma handelt, sondern dass wir benennen, dass es sich um Bulgaren, Rumänen oder sonst eine Nationalität handelt. Auch dazu stehen wir.«*

Die Regierungschefin unterschlägt allerdings dabei, dass sie am Tag vor der Sitzung zur Frage, wie die NRW-Polizei die Nennung ausländischer Straftäter handhabt, einen interessanten Hinweis aus dem Landesinnenministerium erhalten hat: Die persönliche Referentin Jägers wendet sich in einer E-Mail direkt an die Regierungschefin.

Iris B. überbringt eine Einschätzung von Staatssekretär Nebe zu der Frage, wie die Richtlinie zum Umgang mit nationalen Minderheiten im Polizeialltag umgesetzt wird. Darin heißt es: »Herr Nebe rät (...) dringend davon ab, zu argumentieren, dass der Erlass für Köln keine Rolle spielen würde. Die Differenzierung zwischen Nationalitäten und nationalen Minderheiten sei schwer vermittelbar und könnte als kleinkariert bewertet werden. Vielmehr regt er an, in der Diskussion darauf hinzuweisen, dass diese Vorgabe in der Praxis auch weitergelebt werde in Bezug auf die Nationalitäten. Nur wenn das öffentliche Interesse überwiegt, sei die Nationalität zu benennen.«

Ein entlarvender Vermerk. Die Feststellung, dass die Vorgabe in der »Praxis weitergelebt« werde, heißt nichts anderes, als dass die Herkunft von Straftätern grundsätzlich verschwiegen wird. Dies gibt später auch die Kölner Polizistin Natalie S., die die fatale Falschmeldung der Kölner Polizei zur angeblich ruhigen Silvesternacht verfasste, im Untersuchungsausschuss zu Protokoll. »Bei jeder regulären Meldung, die wir verfassen, verzichten wir auf die Herkunft, wenn es nicht zur Sachverhaltsaufhellung dient«, berichtet die Mitarbeiterin der Pressestelle.

Dompolizist Burkhard Jahn wiederum äußert, dass es »natürlich« Feststellungen gebe, »die man eben nicht so gerne hört, und manche Sachen werden eben ›gerner‹ gehört. Das ist aber der Kampf ›Primat der Politik gegen Polizeiarbeit‹.«

In seiner Befragung vor dem Untersuchungsausschuss wiederholt Staatssekretär Nebe seine pikante Feststellung. Er habe die Ministerpräsidentin davor behüten wollen, aus der Erlasslage »falsche Schlüsse« zu ziehen. Nebe berichtet: »Ich sage ja sogar offen, dass ich sie davor warnen möchte, dass sie etwa bei der Debatte in der Sondersitzung des Parlaments sagt, es gebe für die Nationalitäten überhaupt keine Regelung. Der Erlass wird genauso auch für Nationalitäten gehandhabt. Es gibt dieselben Regelungen. Und da habe ich, glaube ich, wirkungsvoll die Ministerpräsidentin davor warnen können, einen zu kurzen Schritt in der Argumentation zu machen.«

Allein: Diese Warnung nimmt Kraft nicht an. Sie bleibt auch gegen den Rat von Staatssekretär Nebe dabei, dass es keine Verheimlichung gebe. Bei ihrer Befragung redet sie den Vorgang klein. »Ich kriege öfter Ratschläge, die ich nicht befolge«, sagt sie flapsig.

Die Nennung der Wahrheit kann unangenehm sein. Auch wenn Kraft vor dem Parlament darauf besteht, dass die Herkunft ausländischer Täter nicht verschwiegen werde, ist doch das genaue Gegenteil der Fall. Nicht nur bei Pressemitteilungen, sondern selbst in der internen Kommunikation werden Hinweise unterschlagen. So fehlt in dem als »Verschlusssache – nur für den Dienstgebrauch« eingestuften »Polizeilichen Lagebild NRW« vom 4. Januar ausgerechnet nur der Hinweis auf die Tätergruppen aus der Silvesternacht.

Der NRW-Vorsitzende der Polizeigewerkschaft (DPolG), Erich Rettinghaus, geht davon aus, dass politische Vorgaben zu einer Kultur des vorauseilenden Gehorsams geführt hätten. In der Praxis habe sich verfestigt, »dass Polizisten wohl von vornherein gewisse Sachen nicht sagen«, weil es nicht opportun sei. »Das ist eine politische Entscheidung, und keiner will sich in die Nesseln setzen«, sagt er den Deutschen Presse-Agentur. In der ARD-Talkrunde *Hart aber fair* kritisiert Rainer Wendt, Bundeschef der DPolG, dass Beamte in ihren Berichten »eine politische Erwartungshaltung« zu erfüllen hätten.

DAS LEID DER OPFER

»Gerade von einer Ministerpräsidentin hätten die Opfer sich verständlicherweise ein einfühlsames Wort gewünscht. Und zwar sofort. Aber da stand anscheinend die politische correctness davor: Als Erstes machte man sich Sorgen um die Täter. Rassismus-Alarm.«

Alice Schwarzer im Interview mit dem Kölner Express *am 13. Mai 2016*

Die Lektüre der Anzeigen, die die Opfer der Silvesternacht zu Protokoll gegeben haben, geht unter die Haut. Dabei können Zeugenaussagen nur einen vagen Eindruck davon vermitteln, was in der Silvesternacht am Kölner Hauptbahnhof geschah. Bei der Aufarbeitung des Staatsversagens darf ihr Leid nicht zur Nebensache werden.

Die Frauen, die an jenem Abend in Köln unterwegs sind, rechnen nicht damit, was ihnen widerfahren wird. Sie wollen feiern, und es gibt eigentlich keinen Grund, mit bösen Überraschungen zu rechnen. Viele sind in Gruppen unterwegs. Andere haben ihre Freunde oder Ehemänner an ihrer Seite. Sie haben das Gefühl, in Sicherheit zu sein.

Viele Opfer sind völlig überrascht, als sie auf dem Bahnhofsvorplatz plötzlich auf eine große Männergruppe treffen. Die Tatsache, dass es sich bei den Feiernden überwiegend um Nordafrikaner und

Araber handelt, wirkt auf die meisten Ankommenden aber nicht unmittelbar gefährlich, obwohl die Männer enthemmt wirken und offenbar schon getrunken haben. Ganz im Sinne der Willkommenskultur lassen sich mache Frauen auf Gespräche mit den Flüchtlingen ein. Andere lassen sich sogar mit ihren späteren Peinigern fotografieren.

Dann beginnt der Albtraum. Auf dem Weg durch die Menge werden die Frauen von ihren Begleitern abgedrängt, umzingelt und von mehreren Tätern angegangen. Sie werden von hinten attackiert, an die Brüste gepackt, dreist in den Schritt gefasst. Die Hände und Finger der Männer scheinen überall zu sein. Rund 30 Prozent aller angezeigten Straftaten, die in der Silvesternacht geschehen, sind »reine« Sexualstraftaten. Darin sind die »Kombinationsdelikte«, bei denen zusätzlich Handys oder Geld geklaut wurden, noch nicht eingerechnet. Zählt man die Zahlen zusammen, ist jede zweite Frau, die an jenem Abend Anzeige erstattet, Opfer eines sexuellen Übergriffs geworden. Die Erlebnisse der Silvesternacht werden zum Trauma.

Viele Frauen erleben physische Gewalt. Die Täter gehen zum Teil brachial vor. In vielen Anzeigen berichten die Opfer von Schlägen und Tritten – oder davon, dass ihnen der Mund zugehalten wurde. Dazu berichtet Nina S., 25, den Ermittlern: »Ich wurde dann von den Personen hinter mir, es handelte sich um fünf südländische Männer, die hatte ich immer im Blick, als ich mich rumdrehte, und die lachten auch immer, dann immer mehr bedrängt. Ich hatte ständig eine Hand an mir. Die Hände kamen immer von hinten durch die Beine durch. Sie werden sehr aggressiv, sie wollten irgendwie mit den Fingern in den Hintern oder vorne rein. Ich konnte mich in dem Gedränge nicht wehren. Ich konnte da auch nicht weg. Es ist aber nicht zu einem Eindringen gekommen, ich bin aber überzeugt, dass die das wollten. Die hatten meine Pobacken schon auseinandergeschoben. In den After konnten sie dann aber nicht eindringen. Ich hatte dann Panik. Immer wieder habe ich auch im Bahnhof noch Panikattacken bekommen.«

Das massive Vorgehen der Täter wird auch durch die Schilderungen einer Frau aus Aachen deutlich, die in der Menge zu Fall gebracht werden soll. Sie sind in den Akten als Fall 572 dokumentiert.

»Aus dieser Personengruppe heraus wurde ich von einer männlichen Person angefasst. Diese Person griff mir von hinten kräftig in mein Gesäß. Ich wurde von der ganzen Gruppe körperlich bedrängt und versuchte, aus diesem Bereich wegzukommen. Dabei erhielt ich von einer männlichen Person einen kräftigen gezielten Tritt gegen meinen hinteren Unterschenkel, sodass ich nur mit Mühe verhindern konnte zu stürzen.«

Zwei junge Frauen aus dem Bergischen Land werden mit Schlägen attackiert, als sie sich gegen die Übergriffe zur Wehr setzen. Sie befinden sich nach dem Feuerwerk auf dem Weg zwischen Domplatte und Hauptbahnhof. Sie sind verzweifelt, als sie attackiert werden: »Dann grapschten diese Männer uns auch an, an den Busen und auch in die Hose, an den Po. Wir versuchten, uns zu wehren, und schlugen um uns. Daraufhin schlugen die Männer zurück. Wir schrien und weinten nur noch.«

Die meisten Opfer werden durch die sexuellen Übergriffe völlig überrumpelt. Sie können nicht fassen, wie dreist die Täter sie bedrängen. Viele von diesen besitzen offenbar nicht nur beim Klau von Mobiltelefonen Geschick – sondern auch dabei, den Opfern blitzschnell in den Intimbereich zu fassen. Das schildert ein Beamter, der die Anzeige einer Frau aus Aalen aufnimmt: »Ein dritter Mann greift ihr daraufhin von hinten und von vorne in die geschlossene Jeans. Anschließend kneift er ihr mit der linken Hand in den Po, und die rechte Hand führt er vaginal in die Geschädigte ein (alle Finger, bis zur Hälfte der Hand).«

Besonders bedrückend: Obwohl Freundinnen und Begleiter oft ganz in der Nähe sind, sind die Frauen in der Situation hilflos. Die vermeintliche Sicherheit, in der sie sich wiegen, erweist sich als trügerisch. Sie erleben einen Vertrauensverlust, der schwerwiegende psychische Probleme nach sich ziehen kann. Eine 17-Jährige aus dem

Kölner Umland berichtet: »Dann sind wir in diese große Menschenmenge gekommen. Ich wusste nicht mehr, wo rechts und links war. Die Freundin hatte ich an meiner Hand, sie war direkt hinter mir. Dann kamen Hände an meine Oberarme, die haben mich weggezogen. Ich wurde von der Freundin gelöst, und ich habe sie dann auch nicht mehr gesehen. Es kamen dann immer mehr Personen um mich rum, die haben gegrölt und fingen an, mich am Körper zu begrapschen. Es waren mehrere Hände, ich denke, es waren vier bis fünf Männer. Die berührten meine Brüste, meinen Hintern und gingen auch zwischen meine Beine. Eine Person machte mir dann meine Hose auf, während mich andere Personen festhielten. Die Person schaffte es, einen Knopf und den Reißverschluss der Hose zu öffnen. Ich hatte versucht, mich die ganze Zeit zu wehren, ich habe um mich geschlagen und geschrien.«

Auch das Opfer O. ist an dem Silvesterabend nicht alleine in Köln unterwegs. Im Gedränge auf dem Bahnhofsvorplatz wird sie aber von ihren Begleiterinnen getrennt. Sie wirkt noch spürbar erschüttert, als sie 20 Tage nach den Übergriffen dem Polizeipräsidium Köln diese Schilderung zu Protokoll gibt: »Meinen persönlichen Albtraum hatte ich, nachdem meine Freundinnen und ich gegen 0:30 Uhr von der Hohenzollernbrücke zum Dom gelaufen sind. Schon da wurden wir von den Männern umkreist und abwertend angeschaut, als wären wir Abschaum. An der Kunstbar angekommen, habe ich schon die ersten Hände an meinem Hintern gespürt, weil ich in unserer Reihe die Letzte war. Kurz darauf waren es schon mehrere Hände gleichzeitig. Ich habe versucht, die Hände wegzuschlagen, aber ich spürte einfach nur immer mehr, auch unter dem Kleid; es wurde an den Strümpfen gezogen. Zuerst habe ich meine Mädels immer weiter nach vorne geschubst und sie gebeten weiterzugehen, weil ich einfach nur Angst und Panik hatte.«

Die Wut und die Angst der Opfer mischen sich vielfach mit Scham. Sie fühlen sich erniedrigt, haben das beklemmende Gefühl, ihre Würde als Frau verloren zu haben. Offensichtlich macht es vielen Tätern Spaß, Macht über die Frauen auszuüben, die sich nicht wehren können. Das Opfer K. aus Bayern berichtet: »Als der Mann von hinten zwischen meine Beine fasste und mich dort sehr intim berührte, verspürte ich eine große Scham. Ich merkte, dass die Männer dort keinen Respekt vor mir und meiner Würde hatten. Als ich mich dann umdrehte und die Männer auf mich zeigten und mich offensichtlich auslachten, wurde dieses Gefühl extrem verstärkt. Ich verspürte nur noch Angst und Panik.«

Ein typisches Bedürfnis von Opfern sexueller Übergriffe ist es, sich nach der Tat ausgiebig abzuwaschen. Eine junge Frau aus dem Bergischen Land berichtet eindringlich darüber:

»Das war ganz eklig. Ich hätte mir am liebsten die Leggins ausgezogen und wäre duschen gegangen. Ich wollte den Dreck nicht mehr an mir haben. Wer weiß, was die sonst noch alles angepackt haben. Ich habe davon auch erst zwei Tage später meiner Mutter erzählt.«

Die Polizei zeigt sich im Umgang immer wieder überfordert. Bei der deliktischen Einordnung scheint Willkür zu herrschen. Mal werden die Fälle als »sexuelle Nötigung/ Vergewaltigung« (§ 177 StGB) aufgenommen, mal werden vergleichbare Delikte zur »Beleidigung auf sexueller Grundlage« (§ 185 StGB) abgeschwächt.

Mitunter nehmen sich die Ermittler Zeit, zur Delikteinordnung kritische Rückfragen zu stellen. Ein Vater aus Kerpen bekommt von der Kölner Polizei am 28. Januar diese E-Mail: »Zur Klärung, ob es sich hier um Beleidigung auf sexueller Basis handelt, frage ich an, ob ihre Tochter das so empfunden hat?« Der Vater antwortet mit klaren Worten: »Natürlich empfindet eine Frau es als eine sexuelle Belästigung, wenn man in einer Menschenmenge immer wieder eine Hand unter dem Mantel fühlt und an den Po angefasst wird! Da ist kein Zweifel!«

Der Untersuchungsausschuss des Landtags will auch das Leid der Opfer beleuchten. Doch es steht außer Frage, dass man die Geschädigten nicht durch eine Befragung erneut belasten will. Laut dem

Silvesternacht-Gutachten, das der Kriminalpsychologe Rudolf Egg unter Auswertung aller Anzeigen für das Gremium erstellt hat, haben 89 Prozent der Opfer die Taten als psychische Belastung empfunden. Der Wert kann aber auch höher liegen. Viele Geschädigte seien nicht gezielt danach gefragt worden, wie sie die Situation subjektiv erlebt hätten, erklärt Egg. Der Schwerpunkt der Befragungen durch die Polizei habe eben auf der Mitteilung objektiver Sachverhalte gelegen. Die Frauen hätten die Situation am Hauptbahnhof insgesamt als sehr bedrohlich und beängstigend empfunden, bilanziert der Experte. Besonders unangenehm seien die Hilflosigkeit bzw. das Gefühl des Ausgeliefertseins gegenüber den vielen Tätern erlebt worden, erklärt er den Ausschussmitgliedern.

Auch Frauenberatungsstellen kommen in dem Aufklärungsgremium zu Wort. Für Aufsehen sorgen Schilderungen des Vereins »Lobby für Mädchen«. Die Gesamtkoordinatorin berichtet dem Aufklärungsgremium über eine Anruferin, die nach den Silvesterübergriffen schwanger geworden sei. Das wäre der erste Fall einer Vergewaltigung durch Koitus gewesen, alle anderen Fälle beziehen sich auf ein Vorgehen der Täter mit Fingern. Das Mädchen aus Norddeutschland hatte allerdings keine Strafanzeige gestellt. Wie sich später herausstellte, hatte sie den Fall frei erfunden.

Der Bundesverband Frauenberatungsstellen und Frauennotrufe unterstreicht, dass das Erleben sexualisierter Gewalt für die Betroffenen der Silvesternacht gravierende Auswirkungen haben kann: »Für viele wird durch einen sexuellen Übergriff das Vertrauen in Sicherheit und zwischenmenschliche Beziehungen erschüttert. Ein sexueller Übergriff ist eine massive Verletzung der körperlichen und sexuellen Integrität. Betroffene haben ein Recht auf Unterstützung und Entschädigung.«

»Super-Recognizer« jagen die Grapscher

»Ah, da kommt die Superhelden-Bande.« So machen sich die Kollegen von Eliot Porritt über dessen Abteilung lustig. Die Beamten von Scotland Yard haben eine Gabe, die nur etwa einem Prozent aller Menschen zuteilwird: Sie können sich jedes Gesicht merken. Ein Talent, das äußerst nützlich sein kann. Vor allem für die Polizei, wenn diese vor schwierigen Ermittlungen steht.

Porritt ist ein »Super Recognizer«. Einen jungen Mann, der ihm irgendwann mal beim Einkauf an der Supermarktkasse begegnet ist, würde er auf einem Foto oder auf einem Videofilm sicher wiedererkennen. Seine Treffsicherheit übertrifft die Fähigkeiten der besten Computerprogramme. In Sekunden kann er sich Details seines Gegenübers merken. Gesichtszüge, Haltung und Proportionen prägen sich in kürzester Zeit bei ihm ein.

Das funktioniert sogar dann, wenn sich der andere optisch verändert hat. Brillen, Bärte oder eine andere Frisur verhindern die Wiedererkennung nicht. Personen können so in den unterschiedlichsten Situationen an unterschiedlichen Orten identifiziert werden.

Bei der Polizei in London setzen die Spezialisten ihre Fähigkeit ein, um Verdächtige überführen zu können. Sie prägen sich Fahndungsbilder ein und gleichen diese mit den Bildern von Tatorten ab. Stundenlang sitzen sie zum Beispiel vor Filmen, die Überwachungskameras aufgezeichnet haben. Selbst wenn das Material unscharf ist, erzielen die »Super Recognizer« ihre Treffer.

Im Kölner Polizeipräsidium ist die ungewöhnliche Fahndungsmethode bekannt. Bei Scotland Yard geht daher in den ersten Januarwochen eine Anfrage aus der Domstadt ein. Die Behörde bitte die Briten um Amtshilfe.

Wenig später reisen Porritt und sein Kollege Andy Eyles nach Köln. Diesmal geht es nicht darum, Terrorverdächtige zu ermitteln. Die Polizisten sollen die Täter aus der Silvesternacht überführen. Auf den Bildern aus den Überwachungskameras des Kölner Hauptbahnhofs ist der Verlauf des Abends dokumentiert. Die Ermittler hoffen, dass die »Super Recognizer« erkennen, wie sich Tätergruppen vom Vorplatz durch den Bahnhof bewegen und wo die Männer ihre Opfer attackieren. Es besteht die Möglichkeit, Grapscher zu überführen, die die Frauen von hinten angegriffen haben. Ohne die Mithilfe der Spezialisten würden diese Täter davonkommen.

Im Gegensatz zu den meisten Menschen, die ihrem Gegenüber in die Augen schauen, blicken die »Super Recognizer« auf die Nase. So könnten Form, Größe und Position von Mund und Augen im Gehirn besser abgespeichert werden, heißt es in einer Studie des *Quarterly Journal of Experimental Psychology*, in der das Phänomen beschrieben wird. Wissenschaftler vermuten, dass es sich bei der seltenen Gabe um eine genetische Veranlagung handelt. Das Speichertalent funktioniert übrigens nur bei Personen – einen Einkaufszettel können sich die Spezialisten nicht merken. Auch im Privatleben ist die Gabe nicht unbedingt hilfreich: »Also wenn ich eine Frau anspreche und sage: ›Hey, ich kenne dich‹, denkt sie doch einfach: ›Schon wieder so ein Trottel‹«, verriet Eliot Porritt einer Journalistin der *Süddeutschen Zeitung*.

Nach den massiven Übergriffen der Silvesternacht und der öffentlichen Kritik an den Pannen steht die Kölner Polizei unter einem hohen Erwartungsdruck. Wenigstens bei der Fahndung nach den Tätern will man sich nicht erneut vorwerfen lassen, nicht mit letzter Konsequenz am Werk gewesen zu sein. Aber die Suche nach den Grapschern ist schwer. Die meisten Opfer können sich nicht genau an ihre Peiniger erinnern. Sie wurden von der Situation überrascht, und es war dunkel. In der Masse der Männer waren die oft ähnlich aussehenden Täter für die Frauen nur schwer zu unterscheiden. Deswegen kommt den Videoaufnahmen bei der Fahndung eine große Bedeutung zu.

Die Ermittlungsgruppe »Neujahr« steht vor einer Herkulesaufgabe. Den Ermittlern stehen mehr als 1200 Stunden Videomaterial mit einem Datenvolumen von mehreren Hundert Gigabyte zur Verfügung. Es gibt nicht nur Bilder aus den Überwachungskameras – auch

Opfer und Zeugen habe ihre Handyfilme aus der Silvesternacht an die Polizei geschickt.

Es würde viel zu lange dauern, Andy Eyles und Eliot Porritt das Material alleine auswerten zu lassen. Deswegen kommt die Kölner Polizei auf die Idee, in ihren eigenen Kreisen nach »Supertalenten« zu suchen. Man glaubt tatsächlich, fündig geworden zu sein. »Daher werden drei Personen des PP Köln, die über entsprechende Fertigkeiten verfügen, durch erfahrene »Super Recognizer« der Metropolitan Police London beschult, um im Rahmen der EG Neujahr das entsprechende Vorgehen pilotieren zu können«, heißt es in einem Bericht der Kölner Polizei an das NRW-Innenministerium vom 20. Januar.

In Köln beginnt die Tätersuche bei den Opfern. Die Fahnder merken sich zunächst die Gesichter der Frauen, die wegen sexueller Belästigung Anzeige erstattet hatten. Mit ihren Angaben werden den Tatorten mögliche Blickwinkel der Videokameras zugeordnet. Dann beginnt die Suche nach der Nadel im Heuhaufen. Die Spezialisten versuchen, die Frauen in der Menschenmenge ausfindig zu machen, dann verfolgen sie ihren Weg, bis sich die Peiniger nähern. Die Bilder der Täter werden später mit Fahndungsfotos verglichen. Der Bonner *General-Anzeiger* berichtet, dass mit dieser Methode innerhalb von zwei Wochen mehrere Verdächtige identifiziert worden seien. Ein kleiner Erfolg. Immerhin.

Die Täter kommen mit einem blauen Auge davon

In den meisten Fällen zerplatzt jedoch die Hoffnung der Kripo, die Täter von sexuellen Übergriffen aufspüren zu können. Den Ermittlern fehlen DNA-Spuren und Fingerabdrücke, um zweifelsfreie Beweise erbringen zu können. Die Fahndungen werden auch dadurch behindert, dass es von den betroffenen Frauen und Zeugen kaum aussagekräftige Beschreibungen der Täter gibt. Damit fehlen auch der Justiz oft die Beweise für Urteile mit Signalwirkung.

Milde Urteile seien für ihn »vollkommen unverständlich«, sagt DPolG-Chef Erich Rettinghaus. Die Nachsicht gegenüber den Silvestertätern könne schwerwiegende Folgen haben. Es bestehe die Gefahr, dass die ein mildes Urteil als Schwäche des Rechtsstaats verstehen würden. Arnold Plickert, Vorsitzender der Gewerkschaft der Polizei in NRW, fordert eine schnellere Abschiebung von verurteilten nordafrikanischen Straftätern nach dem Vorbild von Hamburg. »Wir brauchen eine Soko, die darauf spezialisiert ist, gemeinsam mit der Ausländerbehörde Abschiebungen schnell durchzusetzen«, sagt der ehemalige Hundertschaftsführer.

Auch Wolfgang Albers warnt noch an seinen letzten Arbeitstagen als Polizeipräsident vor den Folgen einer Kuscheljustiz. Im Interview mit dem Sender WDR 5 sagt er nach der Silvesternacht: »Es ist nicht meine Aufgabe, Richterschelte zu betreiben. Ich weiß aber, dass innerhalb dieser Tätergruppe, das wissen wir auch aus Telefonaten, Köln als Pflaster bekannt ist, wo nicht maßlos bestraft wird. Darüber muss es eine gesellschaftliche Diskussion geben.«

Die folgenden Fälle zeigen exemplarisch, wie die Täter vor Gericht davonkommen.

Postbotin erkennt Täter nicht wieder – sechs Monate Bewährung

Farouk und Abderahemane B. (26 und 23 Jahre alt) stammen aus Algerien und behaupten, Brüder zu sein. Tatsächlich sehen sich die jungen Männer, die beide schwarze Kurzhaarfrisuren tragen, ziemlich ähnlich. Ob sie tatsächlich verwandt sind, lässt sich allerdings nicht feststellen. Bei haben ihre Ausweisdokumente in der Heimat zurückgelassen.

Farouk und Abderahemane B. sind nach eigenen Angaben über Italien und die Schweiz nach Deutschland gekommen. Seit 2015 halten sie sich hier auf – und werden immer wieder straffällig.

Am 13. Dezember 2015 brechen sie auf einem Parkplatz an der Bahnhaltestelle Brühl-Vochem einen VW Polo auf. Sie schlagen die Seitenscheibe mit einem Bügeleisen ein und stehlen Wertgegenstände aus dem Wagen. Dabei werden sie auf frischer Tat von der Polizei ertappt.

In der Silvesternacht sollen die Algerier eine 54-jährige Frau und eine Postbotin, 51, begrapscht und bestohlen haben. Die Handys der Opfer werden von der Polizei geortet und bei den Algeriern sichergestellt. Allerdings erkennen die Opfer die beiden Algerier nicht wieder. Deshalb werden die Mäner lediglich wegen Hehlerei und für einen Autoaufbruch verurteilt.

Das Strafmaß bleibt gering, weil die Täter der deutschen Justiz noch nicht aufgefallen waren. Der Richter kommt zu der Einschätzung, dass die Algerier die viermonatige Untersuchungshaft beeindruckt hat. Die Gefängniserfahrung sei für sie eine Warnung gewesen.

Am 6. Mai kassieren Farouk und Abderahemane B. jeweils sechs Monate Gefängnis auf Bewährung.

»Give the girls or tot« – ein Jahr auf Bewährung

Hassan T. (26) ist seit September 2014 in Deutschland. Er gibt an, seine Eltern seien beide 1992 gestorben. Weil er in seiner Heimat Algerien keine Perspektive mehr sah, reiste er über Ceuta, eine spanische Exklave an der Mittelmehrküste im Nordwesten von Marokko, auf das spanische Festland. Dort lebte er mehrere Jahre gemeinsam mit anderen Männern in einer Flüchtlingsunterkunft. Einen Asylantrag stellte er in Spanien aber nicht. Hassan T. plante von vornherein, in Deutschland sein Glück zu suchen. Seine Ehefrau ließ er angeblich zurück, weil er ihr die beschwerliche Reise aus gesundheitlichen Gründen nicht zutraute.

Bevor er in Köln straffällig wurde, gab es bereits ein Ermittlungsverfahren gegen ihn wegen Beleidigung auf sexueller Grundlage.

Eine Frau hatte ihm vorgeworfen, ihr gegen ihren Willen in einem Hausflur einen Zungenkuss gegeben zu haben. Das Verfahren wurde aber eingestellt.

Hassan T. ist gemeinsam mit seinem Freund Hussein A. am Silvesterabend nach Köln gekommen. Der Iraker lebt zusammen mit seiner Familie in einer Flüchtlingsunterkunft. In der Heimat arbeitete der Vater als Tischler, die Mutter machte den Haushalt. Hussein A. half dem Vater in der Werkstatt. 2014 soll vor dem Haus der Familie eine Autobombe explodiert sein. Das Gebäude brannte ab. Die Familie machte sich daraufhin auf den Weg in die Türkei. Dort blieben die Flüchtlinge ein Jahr. Im Herbst machte sich Hussein A. dann mit seinen Eltern und einem Bruder über die Balkanroute auf den Weg nach Deutschland. Ein Bruder blieb zurück – aus Angst vor der gefährlichen Bootsfahrt von der Türkei nach Griechenland. In Deutschland nahm Hussein A. an einer Fördermaßnahme des Handwerks teil, bei der ihm auch die deutsche Sprache nahegebracht wurde. Hussein A. (21) kann also ein paar Brocken Deutsch. Es reicht jedenfalls, um sich verständlich zu machen. Laut Anklage bitten die beiden ihre späteren Opfer zunächst, gemeinsame Handyfotos am Westportal des Doms zu machen. Dann werden die Frauen durch andere Männer voneinander getrennt. In der Urteilsschrift heißt es: »Eine der männlichen Personen trat von hinten an die Zeugin Y. heran und griff ihr über der Kleidung an das Gesäß. Eine andere Person drängte sich von vorne an die Zeugin Y. heran und fasste ihr über der Kleidung in den Schrittbereich. Dabei fielen die Worte ›fucking‹ und ›sex‹. Die Zeugin Y. äußerte laut und deutlich: No, no! Sie zeigte darüber hinaus auf ihren Verlobungsring.« Weiter heißt es: »Der Angeklagte Hussein A. zog den Kopf der Zeugin Z. mit Gewalt zu sich, nahm die andere Hand und hielt den Kopf der Geschädigten am Kinn fest. Dabei gelang es ihm, die Zeugin Z. gegen ihren Willen auf den Mund zu küssen. Danach leckte er über ihr Gesicht. Die Zeugin, die Ekel empfand, versuchte, sich aus der Situation zu befreien. Dies gelang ihr jedoch nicht, da der Angeklagte sie weiterhin festhielt.«

Hassan T. soll dem Begleiter der Frauen 5000 Euro geboten haben, sollte er sie ihm überlassen. »Money, drei Stunden Sex, give the girls oder tot.« Der Freund der Frauen berichtet, dass sich mehrere südländisch aussehende Personen »wie Tiere« auf die Opfer gestürzt hätten. Einen besonders schweren Fall von sexueller Nötigung erkennt das Gericht jedoch nicht. Am 7. Juli 2016 wird Hassan T. wegen Beihilfe zu sexueller Nötigung und Bedrohung zu einem Jahr Haft auf Bewährung verurteilt. Hussein A. (21) bekommt wegen sexueller Nötigung ein Jahr Haft auf Bewährung nach Jugendstrafrecht. Als die beiden Täter das Gericht als freie Männer verlassen, lachen sie in die Kameras der wartenden Reporter. »Ich hab gar nix gemacht«, ruft Hussein A. den Journalisten zu.

Muhamed A. muss ins Gefängnis

Der Libyer Muhamed A. (25) hat seine Heimat schon 2008 verlassen. Er verfügt weder über eine Schulausbildung, noch hat er einen Beruf gelernt. Er schlägt sich mit Gelegenheitsjob durch, reist dabei durch verschiedene europäische Länder. Im April 2014 kommt er nach Deutschland. Er stellt in Chemnitz einen Asylantrag, der jedoch abgelehnt wird. Doch zur Abschiebung kommt es nicht. Muhamed A. hat sich in die Schweiz abgesetzt. Am 25. Januar 2015 reist er über die Bahnstrecke Basel-Freiburg wieder nach Deutschland ein. Jetzt gibt er sich als Marokkaner aus, stellt in Bielefeld erneut einen Asylantrag.

Seinen Lebensunterhalt bessert er mit Diebstählen auf. So klaut er im August einem Passanten auf dem Dresdner Schlossplatz ein Smartphone. Muhamed. A bestreitet vor Gericht, am Sex-Mob in der Silvesternacht beteiligt gewesen zu sein. Laut Anklage soll er drei Frauen (28, 47, 47) aus einer Gruppe von 15 Männern heraus begrapscht und dabei ein Handy gestohlen haben. Ein Mobiltelefon, das ihm dabei in die Hände fiel, wurde ihm bei einer Polizeikontrolle am 6. Januar wieder abgenommen. Eine Zeugin gab in der Vernehmung an, A. habe ihr von hinten fest in den Genitalbereich gegriffen, wobei nur die dicke Strumpfhose das Eindringen in die Vagina verhinderte. Das Opfer hatte danach Angst vor fremden Menschen und ging bei Dunkelheit nicht mehr aus dem Haus.

Der Richter verurteilt den Libyer wegen besonders schweren Raubes und Verstoßes gegen das Aufenthaltsgesetz zu einem Jahr und neun Monaten Haft. Im Urteil heißt es: »Der Angeklagte wechselt die Namen wie andere die Kleidung und begeht an ganz verschiedenen Orten Deutschlands immer wieder Straftaten. Von der Untersuchungshaft zeigte er sich in der Hauptverhandlung nicht sonderlich beeindruckt. Trotz mehrfacher gerichtlicher Nachfragen hat er Angaben zu seinen Zukunftsplänen ausdrücklich verweigert.«

Die »insgesamt besonders dreiste Vorgehensweise des Angeklagten sowie die erheblichen psychischen Tatfolgen für die Geschädigten« hätten sich strafverschärfend ausgewirkt. Die sexuelle Nötigung wurde allerdings zu einer tätlichen Beleidigung herabgestuft, »da dem Angeklagten keine konkrete Handlung zugeordnet werden konnte«.

Am 28. Juli 2016 wird Muhamed A. zu einer Gesamtfreiheitsstrafe von einem Jahr und neun Monaten verurteilt.

Der Fall Mehdi B.

Mehdi B. hat in Marokko einen Abschluss als Elektriker gemacht. Da er dort aber keine Perspektiven sieht, macht er sich mit finanzieller Unterstützung seines Vaters und seines Bruders, die in einem Aluminiumwerk arbeiten, über die Balkanroute auf den Weg nach Deutschland. Die Papiere lässt er in der Heimat zurück.

Düsseldorf: Innenministerium, 4. Januar 2016

»Sehr geehrter Herr Schürmann, guten Morgen Dieter, wie besprochen als Anlage den Vorführbericht vorab zur Kenntnis.«

Es ist 8:58 Uhr, als der Schriftsatz der Kölner Polizei per Mail das NRW-Innenministerium erreicht. Es geht um die Festnahme mutmaßlicher Täter der Kölner Silvesternacht. Landeskriminaldirektor Dieter Schürmann hat die Unterlagen schon in aller Herrgottsfrühe angefordert. Zu einem Zeitpunkt, als die Landesregierung angeblich die politische Dimension der Silvesterereignisse noch nicht abschätzen kann, beschäftigt sich der Kripochef höchstpersönlich schon intensiv mit einzelnen Tatverdächtigen. Er liest einen Vorführbericht, der zu den Unterlagen einer WE-Meldung vom 3. Januar gehört, die um 17:56 Uhr versendet wurde. Dabei handelt es sich um die Fortschreibung der brisanten WE-Meldung vom 1. Januar (Ereignis: »Vergewaltigung, Beleidigung auf sexueller Basis, Diebstahlsdelikte, Raubdelikte, begangen durch eine ausländische Personengruppe«). Es geht es um fünf Verdächtige, die am Kölner Hauptbahnhof festgenommen wurden. Unter »Verfahrensbeteiligte 02« taucht dieser Name auf: El Mehdi B., *22.05.1996 in Casablanca / Marokko.

Schürmann liest den Sachverhalt: *»Am 03.01.2016, gegen 04:20 Uhr, wurde die Leitstelle der Bundespolizei Köln telefonisch in Kenntnis gesetzt, dass es an der KVB-Haltestelle Dom I Hauptbahnhof zu Übergriffen auf weibliche Reisende durch eine männliche Personengruppe, vermutlich mit nordafrikanischem Migrationshintergrund, gekommen ist. Durch die eingesetzten Beamten (F./ G.) konnten mehrere männliche Personen, augenscheinlich Nordafrikaner, beobachtet werden, wie sie den Treppenaufgang zu Gleis 10/11 nutzten. Auf Gleis 11 konnten die Beschuldigten B., H. und A. in unmittelbarer Nähe von weiblichen Reisenden angetroffen werden. Die weiblichen Personen gaben an, dass sie massiv von den zuvor genannten Beschuldigten bedrängt wurden. Aufgrund der Gesamtsituation konnten die Personalien der weiblichen Personen nicht festgehalten werden. Währenddessen machte der Geschädigte J., welcher sich mit dem Zeugen S. auf Gleis 10 befand, lautstark auf sich aufmerksam und rief, dass er kurz zuvor von zwei männlichen Personen (die o. g. Beschuldigten K. und B.), welche sich nun in der vor ihm stehenden und abfahrtbereiten S-Bahn befanden, bestohlen wurde. Mittels Verstärkungskräften konnten die fünf Beschuldigten festgenommen und der Bundespolizei Köln zugeführt werden.«*

Inhalt der Vernehmung: »*Der Geschädigte J. gab in seiner Vernehmung an, dass er und sein Freund, der Zeuge S., durch die Beschuldigten K. und B. am Hauptbahnhof Köln angesprochen und nach dem Weg nach Krefeld gefragt wurden. Ferner redeten sie über Fußball, und die Beschuldigten taten so, als ob sie mit ihm Fußball spielen wollen. Hierbei wurde er abgelenkt, und sie entwendeten ihm sein Mobiltelefon aus der rechten vorderen Hosentasche. Dieses bemerkte er jedoch erst, als sich die Beschuldigten bereits entfernt haben.*«

Das gestohlene Mobiltelefon findet sich bei den Tätern. Die jungen Asylbewerber, die sich als »Brüder« ausgeben, kommen in Haft. Es bestehe Flucht und Wiederholungsgefahr, heißt es.

Zehn Monate später. Landgericht Köln, 24. Oktober 2016

Mehdi B. wirkt selbstbewusst, als er von zwei Justizvollzugsbeamten in den Verhandlungssaal 209 des Kölner Landgerichts geführt wird. Er ist 1,89 Meter groß, trägt Jeans und ein blaues T-Shirt, hat eine sportliche Figur. Sein Kopf ist an den Seiten kahl rasiert, nach hinten gegelte schwarze Locken bilden eine Haarinsel, von der ein kleiner Zopf auf die Schulter ausfranst. Der 19-Jährige bedeutet seinem Anwalt mit einer Geste, dass ihm die Handschellen unbequem sind. Ob man die nicht abmachen könne, fragt der Rechtsbeistand die Richterin Ulrike Graven-Herkenrath. Doch einer der Wachleute erklärt, Mehdi B. habe im Warteraum herumkrakeelt und sich gegenüber den Uniformierten respektlos verhalten. Die Handschellen bleiben dran.

Das Verfahren ist eigentlich eine Farce. Mehdi B. wird in drei Tagen aus der JVA Wuppertal-Ronsdorf entlassen. Doch an diesem Tag soll das Landgericht darüber entscheiden, ob das Urteil des Kölner Amtsgerichts gegen den Marokkaner nicht doch zu hart war und aufgehoben werden muss. Der Amtsrichter hatte Mehdi B. zu sechs Monaten Jugendhaft ohne Bewährung verurteilt. Sollte der Berufung stattgegeben werden, könnte Mehdi B. sofort freikommen – also 72 Stunden eher als bislang geplant. Lohnt dafür ein neuer Prozess? »Ja«, sagt sein Verteidiger Bernhard Scholz. Er hofft, dass der 20-Jährige bei einer Korrektur des Richterspruchs bessere Chancen bei seinem Asylverfahren hat.

Mehdi B. war im Zusammenhang mit der Kölner Silvesternacht ins Visier der Justiz geraten. Eine 20-Jährige hatte ihn auf dem Polizeifoto 5167878 eindeutig wiedererkannt. »Das war zu 100 Prozent einer, der direkt vor mir stand«, sagt sie in ihrer polizeilichen Vernehmung. So schildert die Studentin die Tat: »Ich hatte das Gefühl, die haben uns bewusst eingeschlossen, damit wir da nicht mehr rauskommen. (…) Da waren zwei Männer, die haben mich festgehalten. Die haben mich massiv angefasst und auch in die Hose. Wie lange das gedauert hat, weiß ich nicht, vielleicht ein bis zwei Minuten. (…) Er war mit der ganzen Hand vorn in meiner Hose drin.«

Mehdi B. wird daraufhin zur Fahndung ausgeschrieben. Doch die geplante Festnahme in einem Asylbewerberheim in Würselen misslingt. B. hatte sich über Aachen nach Italien abgesetzt – angeblich, um in Neapel Arbeit zu suchen. Er postet ein Bild bei Facebook, das ihn an einem Küstenort im sonnigen Süden zeigt. Doch dort hält es ihn nur einen Monat. Am 28. April wird er an der deutsch-schweizerischen Grenze gefasst, als er in einem Einkaufszentrum Tabak und Schokolade klaut. Die Schweizer Behörden liefern ihn aus. Nun kann es doch noch zum Verfahren kommen.

Das Amtsgericht tagt am 14. September. In der Anklageschrift zu Verfahren 103 JS 52/16 werden zunächst die »Aliasnamen« des Asylbewerbers aufgeführt, unter denen er schon aufgetreten ist: Yassine L, geboren am 22.5.1996 in Anaba, Algerien, El Mehdi L., geboren am 22.5.1996 in Anaba, Algerien, El Mehdi Bel-K., geboren am 22.5.1996 in Casablanca, Marokko.

»Der Angeklagte und 20–30 weitere Männer umringten die Zeugen derart, dass diesen ein Weiterkommen unmöglich gemacht wurde. In dieser Einschlusssituation stellte sich der Angeschuldigte frontal vor die Zeugin, griff ihr an die Hüfte und hielt sie entsprechend einer vorher getroffenen Absprache so fest, dass er unter die Jeans in den Genitalbereich greifen konnte«, heißt es weiter.

Beobachter rechnen fest mit einer Verurteilung des Asylbewerbers. Auch sein Anwalt Bernhard Scholz bereitet den Marokkaner auf eine Haftstrafe vor. Doch dann kommt alles ganz anders.

Die 20-jährige Studentin erklärt in nichtöffentlicher Sitzung überraschend, Mehdi B. sei zwar ganz sicher ein Teil der sie umringenden Masse gewesen, aber sie habe keine Anhaltspunkte, dass er von den sexuellen Übergriffen etwas mitbekommen habe. Andere Zeugen, die den Marokkaner belasten, gibt es nicht. Damit ist die Beweislage zu dünn, um ihn für ein Tatbeteiligung bei den Grapschereien zu belangen. Dem Amtsrichter bleibt keine andere Wahl, als den Marokkaner vom Vorwurf der sexuellen Nötigung freizusprechen. Die intensive Arbeit von Polizei und Staatsanwaltschaft endet mit einem Flop. Mehdi B. muss dennoch ein halbes Jahr hinter Gitter – für die kleineren Delikte, die auch angeklagt waren. Ein zu hartes Urteil?

Ein Rückblick: Nach seiner Ankunft in Deutschland im Dezember 2015 wird Mehdi B. in der zentralen Unterbringungseinrichtung in Willich aufgenommen. Von Beginn an fällt er durch »grenzüberschreitendes Verhalten« auf. Das ändert sich auch nach seiner Verlegung nach Würselen nicht. Dort dringt er in Bereiche ein, die ausschließlich Frauen und Kindern vorbehalten sind. Er fliegt raus und muss in eine Obdachlosenunterkunft umziehen.

Doch dort wird er kaum gesehen. Mehdi B. fährt mit der Bahn schwarz quer durch NRW. Er klaut regelmäßig. *1. Januar 2016* – Mehdi B. stiehlt gegen 18:20 Uhr in einem Düsseldorfer Drogeriemarkt ein Eau de Toilette für 25,95 Euro sowie einen Duft für 10,95 Euro. *19. Januar 2016* – der Marokkaner steckt sich gegen 13:58 Uhr im Aachener Kaufhof eine Sonnenbrille im Wert von 140 Euro in die Tasche. *23. Januar* – Mehdi B. klaut gegen 19:40 Uhr in Aachen in dem Kaufhaus »lust for life« ein Hemd für 79,95 Euro. *25. Januar* – der Asylbewerber wird um 12:55 Uhr bei einer Polizeikontrolle im Aachener Bahnhof mit 0,09 Gramm Marihuana erwischt.

Bei den Ermittlungen fällt auf, dass Mehdi B. mehrere Identitäten benutzt. Auch den Asylantrag hat er zweimal gestellt.

Geht die Justiz zu milde mit den »Nafris« um? Diese Frage wirft das RTL-Magazin *Spiegel-TV* auf. In einem Beitrag berichten die Reporter über den Klau des Mobiltelefons. Die Freilassung des »Nafris« wird von einem Kamerateam gefilmt – Mehdi B. wirkt dabei gut gelaunt und grinst in die Kamera. »Das ist für jeden Geschädigten ein Schlag ins Gesicht«, sagt ein Bundespolizist, der in dem TV-Bericht zu Wort kommt.

Gefängnisduft zu schnuppern hat auf den Asylbewerber jedenfalls keinen großen Eindruck gemacht. Rechtsanwalt Scholz findet dennoch, dass die Justiz zu hart mit dem Wiederholungstäter umgegangen ist. Das Amtsgericht hatte die Haftstrafe ohne Bewährung mit den »schädlichen Neigungen« des Angeklagten begründet.

Der Strafverteidiger hält diese Einschätzung des Gerichts für falsch. Schließlich habe Mehdi B. zum Zeitpunkt des Urteils bereits viereinhalb Monate in Untersuchungshaft gesessen und Zeit gehabt, über sein Verhalten nachzudenken. Überdies sei es ihm in der JVA Wuppertal-Ronsdorf nicht gut ergangen, berichtet Rechtsanwalt Scholz. Dort habe sich herumgesprochen, dass er wegen der sexuellen Übergriffe in der Silvesternacht angeklagt war. Gefängnisbedienstete und Mitgefangene hätten ihn deshalb schlecht behandelt. Diese »Tortur« sei an sich schon Strafe genug gewesen, findet der Strafverteidiger.

Die Richterin am Landgericht sieht das anders. Sie droht damit, die Umwandlung in eine Bewährungsstrafe mit Auflagen (wie z. B. der Teilnahme an einem Sprachkurs) zu verbinden. Das wirkt. Der Anwalt zieht die Berufung zurück.

Mehdi B. droht die Abschiebung in seine Heimat. Bei seiner Familie hat er sich seit einem halben Jahr nicht gemeldet. Angeblich aus Scham darüber, straffällig geworden zu sein und versagt zu haben.

HENRIETTE REKER UND DIE »ARMLÄNGE ABSTAND«

»Wie kann man sich in so einer Situation besser schützen als Frau?«
»Na ja, es ist immer die Möglichkeit, eine gewisse Distanz zu halten, die weiter als eine Armlänge betrifft. Also von sich aus schon gar nicht eine große Nähe zu suchen zu Menschen, die einem fremd sind und zu denen man kein gutes Vertrauensverhältnis hat.«

Es ist Dienstag, der 5. Januar um 15:47 Uhr, als die Kölner Oberbürgermeisterin Henriette Reker diesen denkwürdigen Satz bei einer Pressekonferenz in ihrem Rathaus ausspricht. Dort sitzt sie neben dem damaligen Polizeipräsidenten Wolfgang Albers, um Fragen der Journalisten zur Silvesternacht zu beantworten. Der gemeinsame Aufritt hat für beide Konsequenzen. Albers verliert seinen Job, auch weil er aus Sicht des Innenministeriums die Frage nach der Herkunft der Täter zu zögerlich beantwortet hat. Reker löst mit ihrem Verhaltenstipp einen Proteststurm aus. Die Diskussion spitzt sich zu, als Reker am Abend in der ZDF-Sendung *heute journal* ihren Tipp noch mal konkretisiert. »Man verhält sich klug, wenn man seine Gruppe nicht verlässt, und man verhält sich auch klug, wenn man nicht in überschwänglicher Freude jedem, der einen sympathisch anlächelt, um den Hals fällt. Da könnten Angebote falsch verstanden werden, und da sollte sich jede Frau und jedes Mädchen vor schützen«, sagt die Oberbürgermeisterin in dem Fernsehinterview.

Für die Opfer, die von allen Seiten umzingelt wurden, seien solche Ratschläge der reine Hohn, heißt es in Pressekommentaren.

Der Hinweis erinnere an das unselige Argumentationsmuster, nach einer Vergewaltigung der vergewaltigten Frau eine Mitschuld zu geben. Justizminister Heiko Maas postet unter dem Hashtag #einearmlaenge: »Nicht Frauen tragen Verantwortung, sondern Täter.«

Die Empörung erinnert an die »Aufschrei«-Debatte über den Sexismus im Alltag von 2013, die ein Bericht über das Verhalten des FDP-Politikers Rainer Brüderle ausgelöst hatte. In den sozialen Netzwerken erntet Reker Häme und Spott. Auch in der Politik gibt es daraufhin scharfe Reaktionen. »Es ist wichtig, dass wir jetzt keine Debatte darüber anstoßen, ob Frauen ihr Verhalten ändern müssen, sondern die Männer, die übergriffig werden, müssen ihr Verhalten ändern und vor allem zur Rechenschaft gezogen werden«, sagt Bundesfrauenministerin Manuela Schwesig (SPD). Die Zeiten, in denen sich Frauen nicht frei bewegen dürfen und keine Miniröcke tragen sollen, seien vorbei.

Reker sitzt am Tag nach der Pressekonferenz fassungslos in ihrem Dienstzimmer im Historischen Rathaus am Alten Markt, der nur ein paar Gehminuten vom Tatort am Kölner Hauptbahnhof entfernt ist.

Sie fühlt sich falsch verstanden. Reker gilt als Vertreterin der Verwaltung und nicht gerade als Politprofi. Das macht sie anfällig dafür, in Fettnäpfchen zu treten. Schon im Wahlkampf hatten ihre Gegner gehofft, Reker würde sich durch unbedachte Äußerungen selbst disqualifizieren.

Henriette Reker ist eine Frau, an der sich die Geister scheiden. Bis zu ihrer Nominierung als OB-Kandidatin hat sie keine großen Erfahrungen im Umgang mit der Öffentlichkeit. Als sie sich in den Tagen nach ihrer Aufstellung mit Journalisten trifft, sind manche überrascht, wie blauäugig die Kandidatin wirkt. Parteitagsrhetorik, Worthülsen und Politphrasen sind der parteilosen Kandidatin fremd.

Auf die Idee, Reker zur Oberbürgermeisterin zu machen, sind die Grünen in Köln gekommen. Sie sind unzufrieden mit ihrer Zusammenarbeit mit der SPD im Kölner Rathaus. Erfolgreich gelingt es den grünen Strippenziehern, CDU und FDP dazu zu bringen, die Kandidatur gemeinsam zu unterstützen – eine Provokation für die SPD. Das Reker-Bündnis dient vor allem dazu, den Einzug des SPD-Kandidaten Jochen Ott ins Kölner Rathaus zu verhindern. Der ist Chef der Kölner Sozialdemokraten und stellvertretender Vorsitzender der NRW-Partei. Im Vergleich zu seiner Gegnerin ist Ott mit allen politischen Wassern gewaschen.

Köln, 17. Oktober 2015. Es ist kurz nach neun Uhr, als Henriette Reker den Wochenmarkt im bürgerlichen Stadtteil Braunsfeld betritt. Am nächsten Tag findet die OB-Wahl statt, die Kandidatin will bei den Marktbesuchern um Unterstützung werben. Sie verteilt Rosen an die Passanten. Plötzlich steht ihr Frank S. gegenüber. Der arbeitslose Maler und Lackierer fragt zunächst, ob er auch eine Rose bekommen könne – dann sticht er Reker mit einem 40 Zentimeter langen Jagdmesser in den Hals. Der Täter handelt aus Fremdenhass. Er will ein Signal gegen die deutsche Flüchtlingspolitik setzen. Weil er keine Chance sah, an Bundeskanzlerin Angela Merkel heranzukommen, greift er die Politikerin an, die vor ihrer Wahl als Sozialdezernentin in Köln für die Flüchtlingsunterbringung zuständig war.

Reker überlebt den Anschlag nur um Haaresbreite, lebensgefährlich verletzt und dank des beherzten Eingreifens ihrer Begleiter und einer Notoperation in der Kölner Universitätsklinik. Am Tag nach dem Anschlag wird sie gleich im ersten Wahlgang mit 52,7 Prozent zur Kölner Oberbürgermeisterin gewählt. Von ihrem Sieg erfährt sie erst am Donnerstag, als sie aus dem künstlichen Koma erwacht. In Interviews berichtet sie später darüber, dass der Anschlag sie traumatisiert habe. »Ich werde von schlimmen Albträumen heimgesucht. Die kannte ich früher nicht.« In persönlichen Gesprächen sagt sie, dass sie als Mensch gestärkt aus dieser Prüfung des Schicksals herausgekommen sei.

Die Silvesternacht markiert die erste politische Krise für Henriette Reker. Ihr gutes Image nimmt durch die »Armlängen«-Debatte deutlichen Schaden. Wie kann es sein, dass eine Frau, die selbst auf höchst dramatische Weise zum Opfer wurde, im Umgang mit anderen Opfern so danebengreift?

Zum Zeitpunkt der Pressekonferenz im Rathaus ist der Anschlag auf ihr eigenes Leben gerade mal zweieinhalb Monate her. Kaum vorstellbar, dass ausgerechnet sie das Gespür für Recht und Unrecht verlassen haben sollte. Reker räumt rückblickend ein, der Verhaltenstipp sei ein Fehler gewesen. »Vielleicht habe ich den Frauen, den Opfern, zu wenig Trost gespendet«, sagte sie dem *Zeit-Magazin*.

Die Oberbürgermeisterin beruft sich darauf, dass die »Armlängen«-Empfehlung doch keine Erfindung von ihr selber sei. Der Tipp taucht tatsächlich bereits in einer Pressemitteilung der Kölner Polizei vom 25. Mai 2014 auf. Darin warnte die Polizei vor der sogenannten Antänzermasche: »Die jungen Diebe legen beispielsweise einen Arm um ihre Opfer und versuchen, diese zum ›Mittanzen‹ zu animieren. Während dem Tanz versuchen die Täter dann, Geldbörsen oder Handys unbemerkt zu stehlen – zum Beispiel aus den Gesäßtaschen. Die Polizei rät daher, zu Fremden mindestens eine Armlänge Abstand zu halten!«

MINISTER JÄGER IST NICHT ZU SPRECHEN

Marc Lürbke (FDP): Die Bundeskanzlerin hat bei Ihnen angerufen. Haben denn auch Mitglieder der Landesregierung Nordrhein-Westfalen sich bei Ihnen gemeldet? Die Ministerpräsidentin vielleicht?
Henriette Reker: Nein.
Marc Lürbke (FDP): Hätten Sie das erwartet?
Henriette Reker: Dass die Ministerpräsidentin sich bei mir meldet, hätte ich nicht erwartet, nein.
Marc Lürbke (FDP): Hätten Sie erwartet, dass der Innenminister sich meldet?
Henriette Reker: Ja.

Dialog aus dem Untersuchungsausschuss vom 4. Juli 2016

Ralf Jäger hat sich nicht gerührt. Das ärgert Henriette Reker offenbar immer noch, als sie ein halbes Jahr nach den Silvesterübergriffen im Zeugenstand des Untersuchungsausschusses sitzt. Die Kölner Oberbürgermeisterin blättert bei ihren Aussagen zu den Abläufen in den ersten Tagen nach der Silvesternacht in persönlichen Notizen, die sie offenbar aufgehoben hat. Eine nützliche Erinnerungsstütze, wie sich herausstellt. Aus den Unterlagen geht hervor, wie sich die Juristin ihr

Bild von den Silvesterübergriffen zurechtgelegt hat. Das lautet so: Schuld sind die anderen – aber nicht die Stadt Köln!

Das Versagen der Polizei hat Reker schon in einem Gespräch mit der Bundeskanzlerin unterstrichen. Die habe sich am 5. Januar um die Mittagszeit bei ihr gemeldet. Dabei habe die Kanzlerin nach ihrer Einschätzung gefragt. »Ich sagte, dass viel zu wenig Polizeipräsenz da gewesen wäre und dass die Polizei die Situation einfach nicht in den Griff gekriegt hätte in dieser Silvesternacht. Und die Kanzlerin hat mir dann gesagt, dass sie, wenn ich da jetzt einen besonderen Bedarf an Bundespolizisten habe, dass ich gerne wieder auf sie zukommen kann in diesem Zusammenhang.«

Die Kanzlerin kümmert sich, nicht aber der NRW-Innenminister. Hängt das womöglich mit atmosphärischen Spannungen zusammen? Ralf Jäger ist schließlich auch SPD-Politiker. Und die Sozialdemokraten sind nicht gerade gut auf die Kölner Oberbürgermeisterin zu sprechen, die der SPD erst wenige Monate zuvor eine schmerzliche Niederlage bei der OB-Wahl zugefügt hatte.

Wenige Minuten nach dem Anruf der Kanzlerin, um 13:03 Uhr, bemüht sich Reker um einen Termin für einen »Antrittsbesuch« im Innenministerium. Doch obwohl ein persönlicher Austausch nach den Silvesterereignissen mit Jäger sicher sinnvoll gewesen wäre, kommt das Treffen nicht zustande. »Ich habe versucht, da den Kontakt aufzunehmen; das stimmt. Aber es hat nicht stattgefunden. Also es war sozusagen ein Versuch, der ins Leere gelaufen ist«, berichtet Reker.

Statt eines Gesprächs sucht die Landesregierung die Konfrontation. Jäger wirft der Stadt vor, sie habe die Sperrung der Hohenzollernbrücke abgelehnt. Das Sicherheitskonzept der Stadt sei unzureichend gewesen.

Das wiederum will Reker nicht stehen lassen. Selbstkritik ist von der Oberbürgermeisterin nicht zu vernehmen. Fehler habe es »in der Stadt«, aber nicht »bei der Stadt gegeben«, sagt sie im Untersuchungsausschuss.

Stadtdirektor Guido Kahlen (SPD) sah das übrigens anders. Er gestand bei seiner Vernehmung ein, das Ordnungsamt hätte auf der Hohenzollernbrücke eine Pendelstreife einsetzen müssen. »Herr Kahlen steht mit seiner Meinung alleine da«, stellte die Oberbürgermeisterin aber rasch klar – und bat den Dezernenten zum Rapport.

Unklar bleibt, warum die Stadt ihr Sicherheitskonzept verändert, wenn es doch aus ihrer Sicht keine Fehler gab. So soll die Hohenzollernbrücke bei künftigen Jahreswechseln geschlossen bleiben. Außerdem wollen Stadt und Polizei eine »Schutzzone« errichten. »Ich möchte am Dom und auf dem Bahnhofsvorplatz keine Böller haben und keine Raketen«, sagte Kölns Polizeipräsident Jürgen Mathies der *Kölnischen Rundschau*. Mehrere Dutzend neue Beleuchtungsstrahler sollen zwischen Hauptbahnhof und Rheingarten am Altstadtufer für mehr Sicherheit sorgen. Künftig soll auch offensichtlich Betrunkenen und lauten Straßenmusikern der Aufenthalt in der Domumgebung verwehrt werden. Restriktiv will die Stadt zudem gegen Drogenabhängige, aggressive Bettler und Wildpinkler vorgehen.

Für die Stadt Köln stellt der Silvester-Mob ein enormes Imageproblem dar, was man auch bei Köln Tourismus spürt. Im Januar ging die Gesamtzahl der Übernachtungen um 0,7 Prozent zurück, im Februar um weitere 3,1 Prozent. Bei den ausländischen Gästen sank die Zahl sogar um 8,9 Prozent.

Nach der verunglückten Debatte um die »Armlänge Abstand« stellt die Stadt mit Blick auf den bevorstehenden Straßenkarneval vor allem für Besucher vermeintlich brauchbare Ratschläge zusammen. Die aktualisierte Broschüre »Sicherheit für Frauen« gibt potenziellen Opfern konkrete Verhaltensempfehlungen:

> *»Bei Übergriffen: weglaufen, schreien, kämpfen. Sprechen Sie andere Menschen konkret an, benennen Sie sie und sagen ihnen, welche Hilfe Sie erwarten. Zum Beispiel: »Sie mit dem roten T-Shirt, rufen Sie die Polizei! Durch lautes Schreien und massive Gegenwehr werden Menschen auf die Situation auf-*

merksam, können helfen oder Hilfe organisieren. Schreien ist eine der erfolgreichsten Gegenwehrstrategien. Nehmen Sie all Ihre Wut zusammen (Schreien!) und kämpfen Sie mit Entschlossenheit.«

Eine eindringliche Warnung spricht die Verwaltung an Frauen aus, die alleine unterwegs sind. Der Tipp, sich in Gruppen zu organisieren, hätte in der Silvesternacht allerdings nicht sehr geholfen. Viele Frauen wurden traumatisiert, eben weil sie trotz vermeintlich sicherer Begleitung attackiert wurden. Die Stadt Köln bleibt jedoch bei der Feststellung:

»Bei Übergriffen durch Gruppen ist die Situation für einzelne Frauen, aber auch für kleinere Gruppen von Frauen deutlich schwieriger. Alkoholisiert sollten Sie nie alleine unterwegs sein. In einer Frauengruppe sollte mindestens eine der Frauen klar handlungsfähig bleiben, um gefährliche Situationen zu erkennen und rechtzeitig Maßnahmen (Flucht, Hilfe organisieren) ergreifen zu können.«

Köln ist eine tolerante Stadt. Auch im Karneval gibt man sich gerne weltoffen, lädt Gäste zum Mitfeiern ein. Nach den bösen Erfahrungen der Silvesternacht gibt es allerdings auch im Rathaus Bedenken, ob die Flüchtlinge wohl begreifen werden, was in der fünften Jahreszeit erlaubt ist und was nicht. Die Verwaltung kommt auf die Idee, auch dieses Problem mit einem Flyer anzugehen. »Welcome to Cologne Carnival« heißt eine Broschüre, um die viel Wind gemacht wird. Das Faltblatt erscheint in Deutsch, Englisch, Französisch und in arabischer Sprache. Der »Knigge«, der zusammen mit der Polizei und dem Festkomitee Kölner Karneval gestaltet wird, wird in den Flüchtlingsunterkünften ausgelegt.

Die Chance, rote Linien aufzuzeigen, wird allerdings vertan. Offenbar trauen sich die Verfasser nicht, in die Tiefe zu gehen. So wird den Lesern zwar der Brauch des Schunkelns erläutert – dass ein »Bützchen«, der Wangenkuss der Jecken, nicht als Einladung zu sexuellen Handlungen zu verstehen ist, jedoch nicht.

SILVESTERERKENNTNISSE

»Mein Name ist Karl Ernst Thomas de Maizière, der Rufname ist Thomas. Ich bin geboren am 21. Januar 1954 in Bonn, ich bin im Moment von Beruf Bundesminister des Innern.«

Am 31. Oktober 2016 sagt der letzte prominente Zeuge vor dem Untersuchungsausschuss aus. Der CDU-Politiker soll zur Rolle des Bundes befragt werden. Schließlich war die Bundespolizei mit ihren Kräften maßgeblich am Silvestereinsatz beteiligt. Der Innenminister zieht vor dem Aufklärungsgremium Bilanz: »Ereignisse wie in der Silvesternacht befördern Ressentiments gegenüber Ausländern und Asylsuchenden, die sich hier rechtstreu verhalten. Der Rechtsstaat darf nicht zulassen, dass Menschen in unseren Städten derartigen Übergriffen ausgesetzt sind. Wer ausreisepflichtig ist, muss auch tatsächlich gehen.«

Als Konsequenz der Silvesterereignisse hatte der Bund bereits das Ausländerrecht verschärft und Abschiebungen erleichtert. Asylbewerber, die zum Beispiel wegen Körperverletzung, Sexualdelikten oder Serieneinbrüchen verurteilt werden, können abgeschoben werden, wenn sie zu einer Freiheitsstrafe von einem Jahr verurteilt worden sind. Zuvor lag die Hürde bei zwei Jahren. Wichtig: Die Regelung gilt auch für Heranwachsende. Ob die Strafe zur Bewährung ausgesetzt wird, spielt keine Rolle.

Auch die Polizei zieht ihre Schlussfolgerungen aus der Silvesternacht. Die Bundesländer Baden-Württemberg, Bremen, Hamburg, Hessen, Niedersachsen, Rheinland-Pfalz und das Saarland haben mit der Bundespolizei eine Projektgruppe unter Führung des Bundeskriminalamts (BKA) gebildet, die neue Handlungsrichtlinien und Gegenmaßnamen definieren soll.

VS – nur für den Dienstgebrauch: Die BKA-Analyse

Die »Silvestererkenntnisse« des BKA sollen die Arbeit der deutschen Polizeibehörden verändern. Aufschlussreich sind nicht nur die Tipps und Empfehlungen für künftige Großveranstaltungen. Auch die Analysen werfen ein Schlaglicht auf die Folgen der Silvesternacht. So stößt die Projektgruppe auf ein neues Phänomen. Über das Internet organisieren sich Bürgerwehren in sozialen Netzwerken. Nach den Beobachtungen der Kriminalisten hatten sich bereits am 21. Januar 50 solcher Formationen bei Facebook gebildet. Die Mitglieder werden zu Aufmerksamkeit, Zivilcourage, Beteiligung an Streifengängen aufgerufen. Viele Administratoren distanzierten sich von extremistischen Inhalten, heißt es in den Analyse. »Gleichwohl gibt es bei einigen Gruppen Teilnehmer bzw. Unterstützer, die u. a. auch Bezüge zu Rechtsextremisten und Rockern aufweisen und zu denen teilweise auch polizeiliche Erkenntnisse vorliegen.«

Im Januar kommt es nach Beobachtung der Projektgruppe auch dazu, dass Bürger vermehrt den »Kleinen Waffenschein«, der zum Mitführen von Schreckschuss-, Reizstoff- oder Signalwaffen berechtigt, beantragen. Ende 2015 besaßen 250 000 Deutsche diese Lizenz. Nach den Angriffen in der Silvesternacht stieg die Zahl um 15 000 an. Verschiedene Medien berichteten über einen Boom beim Verkauf von Pfefferspray.

In Köln wurde die Polizei am Silvesterabend von dem Zusammentreffen der Männer aus Nordafrika überrascht. Damit das nicht wieder passiert, soll die Polizei künftig stärker im Internet Ausschau halten, ob sich an einem bestimmten Ort Unheil zusammenbraut: »Eine Unterstützung bietet hierbei das Screening von sozialen Netzwerken.«

Verstärkte Zugangskontrollen, Einsatz von Pferden und Hubschraubern

Bei Open-Air-Events, die als Publikumsmagnet gelten, soll es künftig verstärkte Zugangskontrollen geben. In der Silvesternacht hätten die Taten aufgrund der hohen Besucheranzahl nicht rechtzeitig erkannt und unterbunden werden können. Zugangsbeschränkungen böten zudem die Möglichkeit, bekannte Straftäter, Betrunkene und Randalierer fernzuhalten. Wenn es zu Übergriffen kommt, soll die Polizei durch Platzverweise und »Gefährderansprachen« ihre Handlungsbereitschaft signalisieren. Täter dürften nicht den Eindruck bekommen, Straftaten in der Anonymität und ohne Angst vor Sanktionen begehen zu können. »Für die fortlaufende Beurteilung der Lage und die verbesserte Erkennbarkeit der Polizeikräfte im Einsatzgeschehen werden taktische Einsatzmittel wie Polizeipferde, Hubschrauber und erhöhte Beobachtungspositionen als geeignet bewertet«, heißt es in dem Projektpapier.

Schnelle Spurensicherung bei Sexualstraftaten

Sexuelle Übergriffe, bei denen die Täter ihre Opfer oberhalb der Bekleidung begrapschen, sind nur schwer nachzuweisen. Bei Großveranstaltungen sollen möglichst Beamte eingesetzt werden, die für die Bearbeitung von Sexualdelikten besonders geschult sind, »um bereits im Rahmen des ersten Angriffs qualifizierte Vernehmungen durchzuführen und objektive Spuren zu sichern«. Dabei sei zwingend der

Einsatz von Polizeibeamtinnen sicherzustellen. Bei der Identifizierung möglicher Täter sollen verstärkt Bilder von Überwachungskameras und private Handyaufnahmen ausgewertet werden. Die Polizeibehörden sollen sicherstellen, dass sie notfalls auch große Mengen von Bildmaterial über ihre Internetauftritte verarbeiten können.

Flüchtlinge sollen Frauen respektieren und neue »kulturelle Codes« erlernen

Die Kriminalisten setzen darauf, dass das im Februar beschlossene »Gesetz zur Verbesserung der Registrierung und des Datenaustausches zu aufenthalts- und asylrechtlichen Zwecken« (Datenaustauschverbesserungsgesetz) die Identifizierung von Asylsuchenden erleichtert. Sie weisen aber auch darauf hin, dass sich die Rahmenbedingungen für die in Deutschland lebenden Flüchtlinge verbessern müssten:

> *»Erstrebenswert ist daher eine Verbesserung dieser Rahmenbedingungen, welche die sozialstrukturelle Benachteiligung durch fehlenden persönlicher Austausch, finanzielle Teilhabe, Anerkennung sowie Barrieren im Kennenlernen weiblicher Personen und die damit verbundene Frustration verringern. Darüber hinaus haben Zuwanderer häufig eine andere gesellschaftliche Sozialisation erfahren als hier aufgewachsene Menschen. Somit ist es essentiell, Zuwanderern mit den geschriebenen und ungeschriebenen Gesetzen einer Gesellschaft vertraut zu machen. Hier sind unterschiedliche kulturelle Codes zu berücksichtigen und Präventionsmaßnahmen dahingehend zu prüfen, ob ihre Botschaften den unterschiedlichen Kulturen und Nationalitäten auch Rechnung tragen.«*

Dabei sei die zielgruppengerechte Umsetzung zu berücksichtigen, da erwachsene Zuwanderer nicht mehr der Schulpflicht unterlägen und daher schwerer zu erreichen seien. »Denkbar wäre hier eine Verknüpfung entsprechender Maßnahmen mit Sprach- oder Integrationskursen«, empfiehlt die Projektgruppe.

Grapschern drohen zwei Jahre Haft

»Das Gefühl – von Frauen in diesem Fall –, sich völlig schutzlos ausgeliefert zu fühlen, ist auch für mich persönlich unerträglich. Wir müssen dem in aller Entschiedenheit entgegentreten.«

Bundeskanzlerin Angela Merkel am 7. Januar 2016 in Berlin

Als Reaktion auf die Kölner Silvesternacht rufen Politiker aus Bund und Ländern nach schärferen gesetzlichen Vorgaben zum Schutz vor sexueller Gewalt. Am 10. November 2016 tritt eine Verschärfung des Sexualstrafrechts in Kraft. Im Zuge der Neuregelung wird der Straftatbestand »Sexuelle Belästigung« eingeführt, der sich gegen Grapscher richtet. Speziell geahndet werden nunmehr auch sexuelle Straftaten, die – wie in der Silvesternacht – aus Gruppen heraus begangen werden. Der neue Paragraf 184i sieht Freiheitsstrafen von bis zu zwei Jahren oder Geldstrafen für sexuelle Belästigung vor und schließt eine Regelungslücke.

Auch wenn das Opfer sich gegen die Übergriffe nicht wehrt, aber widerspricht, zu weinen beginnt oder sonst wie klarmacht, dass die sexuelle Handlung unerwünscht ist, können die Richter dies als Vergewaltigung werten. »Nein heißt Nein«, lautet das Prinzip. Tätern, die sich über den »erkennbaren Willen einer anderen Person« hinwegsetzen, drohen Freiheitsstrafen von bis zu fünf Jahren.

Die »Kölner Botschaft«

Als Folge der Silvesternacht kommt es im Rheinland zu einem publizistischen »Joint Venture«, das es in dieser Form in Deutschland noch nicht gegeben hatte. Am 21. Januar erscheint im *Kölner Stadt-Anzeiger*, der *Kölnischen Rundschau*, dem Kölner *Express*, dem Bonner *General-Anzeiger* und in der *Rheinischen Post* ein gemeinsamer Aufmacher – die »Kölner Botschaft«. Die Übergriffe auf Frauen in der Kölner Silvesternacht hätten auf eine nicht da gewesene Weise deutlich gemacht, vor welch gewaltige Herausforderungen die Flüchtlingskrise die Gesellschaft stelle, schreiben die Herausgeber von *Express* und *Kölner Stadt-Anzeiger*, Isabella Neven DuMont und Christian DuMont Schütte, in einem Brief an die Leser. Die Silvesternacht habe »buchstäblich den Blick der Welt auf Köln« gelenkt, heißt es darin. Richtig sei aber auch: »In aller Veränderung wollen wir Kölner bewahren, was uns ausmacht und was uns verbindet. Offenheit, Hilfsbereitschaft, Toleranz, freies Denken und Reden. Wir wollen uns Handeln und Denken nicht von den Feinden unserer Gesellschaft diktieren lassen. Wir wollen ein Zeichen setzen für ein friedliches Miteinander und unsere Art zu leben.« Als Autor gewinnen die Zeitungen den deutsch-iranischen Schriftsteller Navid Kermani. Er erhielt 2015 den Friedenspreis des deutschen Buchhandels. Der Autor sei die »interessanteste Stimme«, die Deutschland derzeit zu bieten habe, schreibt der Historiker Michael Brenner in einem Gastbeitrag für *Die Welt*: »Er kennt den Nahen Osten, schreibt über Mohammed, Hölderlin, Neil Young. Kein Intellektueller zeigt so viel Empathie für die Probleme unserer Gesellschaft.«

Kermani lebt in Köln, am Eigelstein, dem Viertel an der Rückseite des Kölner Hauptbahnhofs. Der Schriftsteller kennt die Probleme der Migration, die dort überdeutlich sichtbar werden. Die Zuwanderung hat sein »Veedel« geprägt – und ständig verändert. Türken, Italiener und Griechen, die am Eigelstein seit Jahrzehnten leben, sind bestens integriert – oder »eingekölscht«, wie sie stolz von sich selber sagen. Aber die Öffnung der EU-Grenzen sorgt für Unruhe. Nachdem der Straßenstrich verbannt wurde, gehören Prostituierte aus Bulgarien und Rumänien jetzt wieder zum Straßenbild. Mit Beginn der Flüchtlingswelle hat auch der Anteil der Nordafrikaner stark zugenommen. Viele Einheimische, die das multikulturelle Zusammenleben eigentlich schätzen, sehen die Entwicklung kritisch und fühlen sich in ihrer Sicherheit bedroht.

Kermani kennt die Stimmungslage. Rückblickend schreibt er im Juni 2016 im *Kölner Stadt-Anzeiger* über die »Kölner Botschaft«: »Die Ereignisse der Silvesternacht mitsamt dem anschließenden Verhalten der Behörden hatten viele Menschen in Köln und darüber hinaus schockiert, verunsichert und zornig gemacht. Mich auch. Ich bekam den Eindruck, dass eine gewisse Sprachlosigkeit bei denen herrschte, die sich für eine offene Gesellschaft einsetzten, die aber auch nicht bereit waren, die Gewalt zu ignorieren, die offenkundig von jungen Zuwanderern ausgegangen war. Darauf sollte die Kölner Botschaft eine Reaktion sein.« Zu einem frühen Zeitpunkt der Aufarbeitung erheben die Unterzeichner schwere Vorwürfe gegen die Kölner Polizei und die Landesregierung: »Die Behörden, die für unsere Sicherheit verantwortlich sind, haben nicht nur hilflos zugesehen, sie haben dieses große Verbrechen im Herzen unserer Stadt zunächst verharmlost oder sogar zu vertuschen versucht.« Das sind die vier wichtigsten Forderungen:

Kein Tolerieren von sexueller Gewalt. Kritisch gehen die Unterzeichner mit der Integration von Nordafrikanern um. »Nicht erst seit Silvester wissen wir, dass in manchen Milieus manche Männer ein tief greifendes Problem mit der Gleichberechtigung haben. Uns ist dieser Machismo immer wieder auch in Milieus von Menschen arabischer oder orientalischer Herkunft begegnet. Das dürfen, ja müssen wir benennen, wenn wir durchsetzen wollen, dass die Würde der Frau jederzeit und an jedem Ort unantastbar ist.«

Kampf gegen bandenmäßige Kriminalität. Die Unterzeichner erwarten ein härteres Vorgehen der Polizei: »Wir erwarten, dass der Rechtsstaat entschiedener gegen Straßenkriminelle vorgeht, sie bestraft und gegebenenfalls auch ausweist. Der Grundsatz, dass vor dem Gesetz alle gleich sind, gilt unabhängig von der Herkunft, Kultur oder Religion.«

Konsequenzen aus dem behördlichen Versagen. Prägnant ist die Forderung, dass die Silvesterübergriffe auch personelle Konsequenzen haben müssten. »Die Sicherheitsbehörden können uns nicht vor jedem Terroranschlag schützen, aber was am Hauptbahnhof passiert ist, hätte verhindert werden können. Aber die dienstlich und politisch Verantwortlichen für das Fehlverhalten müssen benannt und zur Rechenschaft gezogen werden, mögen sie in der Hierarchie unter oder über dem in den Ruhestand versetzten Polizeipräsidenten stehen.

Schluss mit fremdenfeindlicher Hetze – Deutschland bleibt ein gastfreundliches Land. Das Manifest fordert stärkere Anstrengungen bei der Integration von Flüchtlingen: »Uns ist bewusst, dass manche Flüchtlinge ein Frauenbild mitbringen, das unserer Vorstellung von Gleichberechtigung widerspricht. Also sollten wir uns umso stärker bemühen, ihnen zusammen mit der deutschen Sprache auch die Werte zu vermitteln, die das Grundgesetz so wunderbar zusammenfasst. Das erfordert noch mehr Anstrengungen als bisher. Allerdings sind wir uns einig, dass eine unkontrollierte Zuwanderung solchen Ausmaßes, wie wir sie seit dem Herbst beobachten, nicht von Dauer sein kann.« Zu den Unterzeichnern gehören die seinerzeitige Vorsitzende des Deutschen Ethikrats Christiane Woopen, BAP-Fontmann Wolfgang Niedecken, die Schauspielerin Mariele Millowitsch, die Künstlerin Rosemarie Trockel, Rainer Maria Kardinal Woelki, Frank Schätzing sowie der Komödiant Fatih Çevikkollu. Weiter unterzeichneten die Düsseldorfer Uni-Rektorin Anja Steinbeck, der Künstler Andreas Gursky, Filmemacher Alexander Kluge sowie die CDU-Politikerin Rita Süssmuth.

Die »Kölner Botschaft« wird in vier Sprachen übersetzt und in den Kölner Flüchtlingsheimen verteilt. Sie wurde mit dem Medienpreis »Lead Award« ausgezeichnet.

Ein Jahr danach – Medienmacher ziehen Bilanz

Gab es nach der Silvesternacht einen Perspektivwechsel in der Presseberichterstattung? Ein Jahr nach den Übergriffen ziehen Medienmacher ein erstes Fazit. Was hat der Mob verändert?

Michael Bröcker, Chefredakteur der *Rheinischen Post*, sieht die Silvesternacht als Wendepunkt in der Flüchtlings- und Integrationsdebatte. »Die Dimension der Übergriffe, der Eindruck, dass am Hauptbahnhof einer Millionenstadt zeitweise ein rechtsfreier Raum entstehen kann, und die Tatsache, dass eine bestimmte Gruppe von Migranten, nämlich jene aus nordafrikanischen Staaten, ein besonders hohes Aggressions- und Gewaltpotenzial hat, haben die Sorgen von Millionen Bürgern vor der Zuwanderung angeheizt und der mehrheitlich in Deutschland akzeptierten Willkommenskultur einen irreparablen Schaden zugefügt.« Erstmals sei konkret geworden, was jeder geahnt habe: »Es kommen nicht nur friedliebende syrische Ärzte, sondern auch junge Männer mit Gewaltfantasien und einer frauenverachtenden Einstellung.«

Das Versagen der Polizei und die Ahnungslosigkeit der Landesregierung spielten denjenigen in die Hände, die schon immer glaubten, dass Ausländerkriminalität in Deutschland verschwiegen werde. »Der Schaden ist nachhaltig und wird lange währen«, bilanziert Bröcker.

Auch der *Kölner Stadt-Anzeiger* berichtete frühzeitig über die Übergriffe. Die Redaktion benannte die Herkunft der mutmaßlichen Täter, als sie die Angaben für belastbar hielt. »Die Medien stehen häufig in Verdacht, unbequeme Wahrheiten zu verschweigen«, sagt Chefredakteur Peter Pauls. »Und wenn wir Vorkommnisse vernebeln, die vor den Augen der Öffentlichkeit mitten in Köln stattfanden, verspielen wir das Vertrauen unserer Nutzer. Im digitalen Zeitalter ist es ohnehin ein Irrglaube zu meinen, allein wir als *Kölner Stadt-Anzeiger* könnten noch den Nachrichtenfluss steuern. Das ist in Zeiten von Facebook, Twitter und WhatsApp nicht mehr der Fall. Sie verbreiten heute in Windeseile alles. Nachrichten, Gerüchte, blanken Unfug.« Hier liege die Trennlinie zu den etablierten Medien, die belastbare Fakten liefern würden. Die Leser hätten der Redaktion signalisiert, dass sie die »Wahrheit vertragen« würden, berichtet Pauls.

Sabine Scholt leitet die Redaktion Landespolitik im WDR-Fernsehen. Sie nennt zwei Ereignisse, die widerspiegeln, wie die Silvesternacht die öffentliche Debatte über Flüchtlinge verändert habe. Im Herbst 2014 enthüllt der WDR, dass in einer Asylunterkunft im siegerländischen Burbach Schutzbefohlene misshandelt wurden. Bundesweit herrscht Empörung über das Vorgehen der Sicherheitskräfte. Zwei Jahre später, im Frühjahr 2016, berichten die Reporter über einen anderen aufsehenerregenden Fall. In Warburg (Kreis Höxter) zwingen Polizisten eine syrische Familie mit roher Gewalt zum Umzug in ein anderes Asylheim. Wie im ersten Fall wird die Berichterstattung auch diesmal von heftigen Kommentaren in Mails, bei Twitter und Facebook begleitet. Aber der Shitstorm richtet sich nicht gegen die Staatsgewalt, sondern gegen die Flüchtlinge, die sich den Polizisten widersetzen. »Zwischen Burbach und Warburg lag die Kölner Silvesternacht, und wenn wir noch einen Beweis dafür gebraucht hätten, dass da etwas gekippt war, dann hatten wir ihn jetzt«, sagt Sabine Scholt.

Auch Carsten Fiedler, Chefredakteur des Kölner *Express*, sieht die Kölner Silvesternacht als Wendepunkt. Der Mob habe eine Debatte über Wahrhaftigkeit und falsch verstandene politische Korrektheit in der Berichterstattung ausgelöst. »Das finde ich positiv«, sagt Fiedler. Journalisten müssten klar benennen, was Sache ist, und dürften keine falschen Rücksichten nehmen. »Dazu gehört auch, bei schweren Straftaten die Herkunft der Täter zu thematisieren, sofern sie für den Tathergang wichtig ist. Im Fall des Kölner Sex-Mobs war das eindeutig der Fall.« Dass Informationen von der Polizei verschwiegen worden seien, sei fatal gewesen, erklärt Fiedler.

Der *Express*-Chefredakteur betont, dass die Redaktion mit ihren Recherchen und zahlreichen Veröffentlichungen dazu beigetragen habe, das Staatsversagen vor, in und nach der Silvesternacht akribisch aufzuklären. »Durch unsere Enthüllungen wurde zum Beispiel eine Sondersitzung des Untersuchungsausschusses nötig. Die Recherchen haben viele Fehler und Versäumnisse in der Kommunikations- und Aktionskette der Behörden ans Tageslicht gebracht. Das zeigt einmal mehr, wie wichtig die Rolle der Medien als Kontrollinstanz von staatlichem Handeln ist.«

Wie Silvester die Rechtspopulisten beflügelt

> *»Die Silvesternacht hat unserem Land mit den Ereignissen am Kölner Hauptbahnhof einen Vorgeschmack auf den drohenden Kultur- und Zivilisationszerfall gegeben.«*
>
> *Björn Höcke, Landeschef der AfD in Thüringen*

Die Übergriffe der Silvesternacht sind Wasser auf die Mühlen der Rechtspopulisten in Deutschland. Sie sehen ihre Ressentiments gegen die Flüchtlingspolitik der Bundesregierung bestätigt. AfD-Vorstandssprecherin Frauke Petry macht die Willkommenskultur in Deutschland für die Ausschreitungen mitverantwortlich. »Ist Ihnen nach der Welle an Straftaten und sexuellen Übergriffen Deutschland nun ›weltoffen und bunt‹ genug, Frau Merkel?«, schreibt sie auf ihrer Facebook-Seite. Der »massenhafte Missbrauch« in Köln erinnere an die »rechtlosen Zustände« in der Endphase des Zweiten Weltkriegs. Die Stimmungsmache verfängt bei vielen Menschen im bürgerlichen Lager, die der Zuwanderung kritisch gegenüberstehen. Bei einer Umfrage in den ersten Januarwochen ermittelt das Meinungsinstitut Forsa erstmals mit zehn Prozent bundesweit ein zweistelliges Ergebnis. »Die Diskussion über die Kölner Silvesterereignisse stabilisiert die AfD, die zum Sammelbecken all jener geworden ist, die latent anfällig sind für fremdenfeindliches und rechtsradikales Gedankengut«, bilanziert Forsa-Chef Manfred Güllner. Das werde deutlich, weil die

Zustimmungswerte für die NPD zeitgleich weiter zurückgingen. Bei den Landtagswahlen im März 2016 kann die AfD weiter zulegen. In Sachsen-Anhalt wird die Partei mit 24,3 Prozent zweitstärkste Kraft hinter der CDU. In Baden-Württemberg kommt die AfD auf 15,1 Prozent, in Rheinland-Pfalz erreicht sie 12,6 Prozent. Auch bei der Wahl zum Abgeordnetenhaus in Berlin erzielen die Rechtspopulisten einen Erfolg. Dort kommen sie mit 14,2 Prozent der Stimmen auf den fünften Platz. Die Erfolge der AfD alarmieren auch die Landespolitiker in NRW. Ein möglicher Einzug der Rechtpopulisten bei der Landtagswahl am 17. Mai 2017 würde die Regierungsbildung in Düsseldorf erschweren. Die Sozialdemokraten befürchten, dass im Ruhrgebiet viele SPD-Wähler zur AfD überlaufen könnten. Im Essener Norden hatten die Ortsvereine Altenessen, Karnap und Vogelheim zu einer Kundgebung mit dem Titel »Genug ist genug – Integration hat Grenzen – der Norden ist voll« aufgerufen. Die Demo wird erst auf Intervention des SPD-Landesverbands abgeblasen. Armin Laschet, Landeschef der NRW-CDU, rät seinen Parteifreunden in internen Runden, die Finger davon zu lassen, Themen der AfD aufzugreifen. Wenn die Zeitungen drei Wochen lang nur über das Thema »Burka-Verbot« schreiben würden, nütze das am Ende nur den Rechtspopulisten.

Selbst im Ausland schlachten Rechtspopulisten die Kölner Silvesternacht aus, um ihre Landsleute vor den Gefahren einer verfehlten Flüchtlingspolitik zu warnen. Der zum US-Präsidenten gewählte Donald Trump machte die Angriffe mehrfach zum Thema im Wahlkampf. »Deutschland erlebt massive Angriffe auf seine Bevölkerung durch Flüchtlinge, die ins Land gelassen wurden. Die Silvesternacht war eine Katastrophe. Denk nach!«, mahnt er die Amerikaner schon kurz nach Neujahr via Twitter. .

Bei einem Wahlkampfauftritt in Atlanta legt Trump später nach. Er behauptet, in Deutschland ginge die Kriminalitätsrate »durch die Decke«. Einige seiner Freunde würden deshalb bereits die Bundesrepublik verlassen, behauptet der Republikaner.

In Großbritannien werden die Übergriffe in der hitzigen Debatte um das EU-Referendum (»Brexit«) zur Munition für die EU-Gegner. Der rechtspopulistische Ukip-Chef Nigel Farage versucht, mit den Silvesterübergriffen Ängste vor Immigration zu schüren. Er behauptet, bei einem Verbleib Englands in der Europäischen Union müsse sich das Land auf »Cologne-style sex attacks« einstellen. Wenn die Migranten einen EU-Pass bekämen, dann sei das »ein Problem« für Großbritannien.

WARUM KÖLN?

Es gab in der Silvesternacht sexuelle Übergriffe durch Gruppen in Hamburg, Stuttgart, Düsseldorf, Frankfurt und Bielefeld, aber auch in der finnischen Hauptstadt Helsinki, im südschwedischen Kalmar sowie in der Schweiz und in Österreich. Immer geschahen die Taten an öffentlichen Plätzen, oft waren die Täter Asylbewerber oder jedenfalls nahezu ausschließlich mit Migrationshintergrund. Aber nirgendwo waren die Geschehnisse ansatzweise so dramatisch wie in Köln.

Warum ausgerechnet die viertgrößte deutsche Stadt? »Weil Köln zentral liegt. Weil Köln liberal ist. Und vielleicht auch, weil in Köln das wichtigste Symbol der christlichen Welt steht: der Dom«, sagt Alice Schwarzer. Sie deutet damit eine These an, die immer wieder eine Rolle spielt in der Aufarbeitung, auch weil bekannt ist, dass sexuelle Gruppenübergriffe, angestachelt durch »Agents Provocateurs«, in anderen Ländern als politisches Mittel eingesetzt wurden: Sollten die Taten in der Silvesternacht möglicherweise ein gezielter Angriff auf das Christentum sein? Sollte also tatsächlich der Dom als Symbol missbraucht werden, zum Auftakt des Abends mit Böller- und Raketenbeschuss? War es kein Zufall, dass besonders viele Übergriffe direkt unterhalb eines Plakats mit der Aufschrift »Die Würde des

Menschen ist unantastbar« an der Nordseite des Unesco-Weltkulturerbes stattfanden?

Dazu sollte man einer Frau zuhören, die eine Beziehung zum mit 157 Metern dritthöchsten Kirchengebäude der Welt hat wie kaum eine zweite Person und Augenzeugin des beginnenden Exzesses wurde: 13 Jahre war Barbara Schock-Werner Dombaumeisterin, bis heute wohnt sie nur einen Steinwurf von ihrer alten Arbeitsstätte entfernt hinter dem Römisch-Germanischen Museum. In die Wohnung mit der tollen Aussicht Richtung Rhein auf der einen und Richtung Altstadt auf der anderen Seite hat die gebürtige Schwäbin zum Jahreswechsel Freunde eingeladen. Gemeinsam machen sie sich auf zum Jahresabschlussgottesdienst in die Hohe Domkirche St. Petrus – dem Dom. Im Südquerhaus, direkt unter dem vom weltberühmten Kölner Künstler Gerhard Richter gestalteten Fenster mit über 11 000 Quadraten in 72 Farben hat Barbara Schock-Werner ihren Stammplatz. Den will sie nicht aufgeben, wo es doch mit rund 3000 anderen Gottesdienstbesuchern wieder so voll wird in der Silvestermesse. Sie ist mit ihren Gästen also früher gekommen, um 18:15 Uhr, und hat tatsächlich den Platz mit dem guten Blick Richtung Altar sowie auf den Ausgang Richtung Hauptbahnhof ergattert.

»Das Nordquerhausfenster war im Minutenabstand rot erleuchtet. Das heißt, es flogen die ganze Zeit sowohl Böller als auch Leuchtraketen gegen den Dom«, erinnert sie sich. »Schon zu dieser Zeit war der Dom unter massivem Beschuss im deutlichen Gegensatz zu allen anderen Jahren der Jahre davor, wo die Polizei es immer geschafft hat, während dieser Zeit doch einigermaßen die Leute wegzuhalten.« Bei der Predigt von Rainer Maria Kardinal Woelki habe man dessen Worte kaum verstehen können, so Schock-Werner. »Das klang wirklich wie ein Gefecht sozusagen, als ob der Dom beschossen wurde mit Geschützen.« Schock-Werner versteht die Polizei bis heute nicht: »Eigentlich hätten sie schon um 19 Uhr merken müssen, dass sie es nicht mehr im Griff haben gegenüber den Jahren vorher.«

Vor etwa zehn Jahren, so erinnert sich die Architektin und Kunsthistorikerin, »da passierte es zum ersten Mal, dass während des Silvestergottesdienstes vielleicht abgestimmt, vielleicht zufällig an beide Querhausportale schwere Böller krachten. Und diese, sozusagen an die Bronzeportale geschmissen, ist im Innenraum akustisch unglaublich stark. Damals dachte ich: Jetzt bricht hier gleich die Panik aus, weil die auch gleichzeitig von beiden Seiten kamen.«

Schock-Werner bat die Polizei seinerzeit, künftig während des Silvestergottesdienstes Streife zu fahren. »Das hat auch die ganzen Jahre, also die letzten Silvester, funktioniert. Bis auf dieses Jahr«, sagt sie vor dem Untersuchungsausschuss.

Auf Polizeivideos ist zu hören, wie in der Masse der Ruf »Allahu Akbar« ertönt – »Gott ist groß«. Für Frauenrechtlerin Alice Schwarzer ist dies in Verbindung mit dem Dom-Beschuss zumindest ein Indiz, dass ihre These stützen soll. Sie spricht von »fanatisierten Anhängern des Scharia-Islam« unter den Tätern. An diesem Abend hätten sie »sexuelle Gewalt« als Waffe gewählt. »Dass für die meisten der Horrorabend nicht die erste Jagd auf Frauen war, zeigt ihre Routine beim ›Frauenklatschen‹: vom Bilden des ›Höllenkreises‹ bis hin zu den ›Schandreihen‹. Die Täter haben schwarmartig agiert.«

Das seien »nicht irgendwelche Muslime« gewesen, meint Schwarzer. »Der Muslim von nebenan überfällt ja nicht automatisch Frauen. Es war die Art von Männern, für die die Scharia über dem Gesetz steht und die Frau unter dem Mann.«

Gutachter Rudolf Egg hat bei der Durchsicht aller Strafanzeigen genau einen Hinweis gefunden, der unmittelbar auf ein religiöses Motiv eines Täters schließen lässt. Ein aus Syrien stammender Kardiologe berichtete dabei der Polizei, was geschah, nachdem er in der Silvesternacht im Hauptbahnhof die Toilette eines Cafés aufgesucht hatte. Wörtlich heißt es in dieser Anzeige:

> *»Als er (wieder) zu seinem Platz gekommen sei, sei eine männliche Person an seiner Tasche gestanden. Diese Person habe ihm*

gesagt, dass er die Tasche gestohlen hätte, wenn er nicht zufällig zurückgekommen wäre. Da er (Hinweisgeber/Anzeigenausstatter) aber Moslem wäre, würde er die Tasche nun nicht stehlen. Die männliche Person habe ihn aufgefordert, sich an Diebstählen zum Nachteil der ›Kufar‹ (Ungläubige) zu beteiligen. Die hätten schließlich auch den Krieg in die arabischen Staaten gebracht. Deshalb könne man sie hier ruhig schädigen. Daraufhin habe sich die männliche Person anderen Opfern zugewandt ... Der syrische Hinweisgeber beschrieb diese Person als ›sprachlich aus Libyen‹ stammend.«

Das Bundeskriminalamt stellt in seiner Analyse für die Herbstkonferenz der Innenminister 2016 fest, dass auch das Geschlechterbild in den Ländern der Tatverdächtigen eine Rolle bei den Tatmotiven spiele. Die Experten weisen zudem auf die erhöhte Alltagsgewalt gegen Frauen beispielsweise in nordafrikanischen Staaten hin. Allerdings: Einen unmittelbaren Bezug zur Religion sehen auch sie nicht.

»Aus kriminologischer Sicht ist es naheliegend anzunehmen, dass es sich bei der Vielzahl der Täter nicht um eine bezüglich des primären Tatmotivs homogene Gruppe gehandelt hat, sondern dass in dieser Nacht unterschiedliche, möglicherweise auch wechselnde Motive – je nach Tatgelegenheit und Situation – bedeutsam waren«, stellt jedenfalls auch Rudolf Egg in seiner Expertise fest. Er nennt:

»Männer, die lediglich mit vielen anderen Personen mit einem ähnlichen sozialen Hintergrund den Jahreswechsel (mit Alkohol, Feuerwerkskörpern etc.) feiern wollten, ohne dafür viel Geld auszugeben, aber auch ohne die Absicht, dabei Straftaten zu begehen.«

Männer, die neugierig darauf waren zu sehen, was geschieht, wenn eine ansonsten sozial eher randständige Gruppe massenhaft auftritt und gewissermaßen an einem Ort die Mehrheit bildet, die aber gleichwohl keine (konkreten) Tatabsichten hatten.

Männer, die darauf hofften, im Schutz der Dunkelheit und der Menschenmenge ab und zu eine Frau begrapschen oder in eine fremde Tasche greifen zu können, um etwas zu stehlen.
Männer, die von vornherein mit der festen Absicht gekommen waren, eventuell auch in Kooperation mit anderen Tätern, serienhaft Diebstähle zu begehen und/oder Frauen sexuell zu belästigen.«

Schon wenige Tage nach der Silvesternacht beklagte sich Aiman Mazyek, der Vorsitzende des Zentralrats der Muslime in Deutschland mit Sitz in Köln, über eine Vermengung der Debatten: »Fakt ist, es gibt ein weitverbreitetes Vorurteil: Der Muslim ist ein Extremist, ein Terrorist, und nun – wir haben es doch immer schon gewusst – ist er auch noch ein Sexist. Eine faire Berichterstattung, geschweige denn eine sachliche, scheint in diesen Tagen schwer möglich zu sein«, sagte er. »Flüchtlinge und Religion werden als Folie instrumentalisiert, und das auch noch sehr oberflächlich. Denn spätestens nach der Erkenntnis, dass Alkohol im Islam verboten ist, hätte eine kritische Haltung eingenommen werden müssen.«

»NIEMAND KANN MIR ERZÄHLEN, DASS DAS NICHT ABGESTIMMT ODER VORBEREITET WURDE«

»Meine Lebenserfahrung sagt mir: Die haben sich da nicht zufällig getroffen. Wahrscheinlich war es so, dass sich mehrere Gruppen über Twitter, über WhatsApp, über Facebook zum Silvesterfeiern verabredet haben und das Ganze dann gruppendynamisch stufenweise völlig aus dem Ruder gelaufen ist.« Drei Wochen nach der Silvesternacht vertritt NRW-Innenminister Ralf Jäger eine ziemlich klare Vorstellung davon, wie der Mob sich am Kölner Hauptbahnhof gebildet hat. »Teile davon haben sich da als Männerbanden zusammengeschlossen zu einer großen Gruppe, und dann haben sie diese Taten begangen«, sagt er in einer Sitzung des Innenausschusses in Düsseldorf.

»Männerbanden« – ist das wirklich das richtige Wort für diesen entfesselten Mob? *»Der Begriff der Bande setzt den Zusammenschluss von mindestens drei Personen voraus, die sich mit dem Willen verbunden haben, künftig für eine gewisse Dauer mehrere selbstständige, im Einzelnen noch ungewisse Straftaten des im Gesetz genannten Deliktstyps zu begehen. Ein ›gefestigter Bandenwille‹ oder ein ›Tätigwerden in einem übergeordneten Bandeninteresse‹ ist nicht erforderlich.«* So lautet zumindest die juristische Definition, festgestellt in einem Urteil des Bundesgerichtshofs 2001.

Sollte es sich wirklich um organisierte Gruppen handeln, die sich gezielt Wochen oder gar Monate zuvor zusammengeschlossen haben, um zum Jahreswechsel 2015 das Zentrum von Deutschlands viertgrößter Stadt zu einem scheinbar rechtsfreien Raum zu machen? Die Fakten sprechen nach einem Jahr dagegen.

»Aus kriminologischer Sicht wäre es äußerst unwahrscheinlich, dass sich in dieser Nacht Hunderte von Männern ausschließlich deshalb zu einem Treffen vor dem Kölner Hauptbahnhof verabredet hatten, um dort wie von Anfang an geplant und unter Ausnutzung der allgemeinen Silvesterfeierlichkeiten massenhaft Eigentums- und Sexualdelikte zu begehen«, urteilt auch Gutachter Rudolf Egg. Und der BKA-Bericht für die Innenminister hält fest, dass es keine »belastbaren Hinweise zum Vorhandensein von verfestigten Täterstrukturen oder auf Verabredungen zur Begehung von Straftaten« gebe.

In den ersten Tagen des Jahres hatte aber nicht nur NRW-Minister Jäger Mühe, die richtigen Worte für das Unfassbare zu finden. Bundesjustizminister Heiko Maas (SPD) sprach am 5. Januar sogar von »einer völlig neuen Dimension der organisierten Kriminalität«. Und statt sich beispielsweise bei den Cyber-Experten im nordrhein-westfälischen Landeskriminalamt zu erkundigen, die es da schon besser wussten, blieb Maas auch fünf Tage später noch gegenüber der *BILD am Sonntag* bei seiner These der kriminellen Organisation: »Wenn sich eine solche Horde trifft, um Straftaten zu begehen, scheint das in irgendeiner Form geplant worden zu sein. Niemand kann mir erzählen, dass das nicht abgestimmt oder vorbereitet wurde.«

Dem hält Experte Rudolf Egg entgegen: »Der logistische bzw. organisatorische Aufwand einer solchen ›Einladung‹ oder besser Verabredung zu Straftaten wäre nämlich sehr erheblich gewesen und hätte sicherlich Spuren hinterlassen, die man zumindest im Nachgang der Ereignisse hätte feststellen können, etwa durch die Auswertung von Mitteilungen in sozialen Netzwerken.«

Mit größter Akribie hat die Kölner Polizei nachträglich nach Spuren im Netz gesucht. Es wurden Facebook-Profile gesichtet, Twitter-Accounts überprüft und, wo rechtlich möglich, WhatsApp-Chats analysiert. Das Ergebnis: praktisch gleich null Hinweise, jedenfalls was organisiertes kriminelles Vorgehen betrifft, erst recht nicht in Bezug auf Sexualdelikte. Doch die Funkzellenauswertung hat laut BKA-Bericht ergeben, dass es eine »intensive Kommunikation mittels Mobiltelefon durch nordafrikanische Täter im Bereich des Hauptbahnhofs« gegeben habe, was bedeutet, dass sich viele der Männer zumindest oberflächlich vorher gekannt haben dürften. Tatsächlich konnten die Ermittler laut LKA-Direktor Uwe Jacob im Nachhinein konkrete Gruppen in Größenordnungen von 20 bis 50 Personen zuordnen, die gemeinsam angereist waren.

Daher wird man, so Rudolf Egg, »eine rein zufällige, von vornherein nicht beabsichtigte Begegnung der Männer« vernünftigerweise ausschließen können. »Dafür waren zu viele Männer zur selben Zeit am selben Ort.« Irgendeine Form der Verabredung müsse es, zumindest von einigen, schon gegeben haben, den Silvesterabend 2015 im Bereich des Kölner Hauptbahnhofs zu verbringen, so Egg.

Denn auffallend ist, dass die Täter praktisch gar nicht in den anderen, von Menschen ebenfalls stark frequentierten Stadtbezirken zugeschlagen haben. Zu denken wäre laut Egg an »eine Art Mundpropaganda in Flüchtlingsheimen oder anderen Wohnunterkünften«. Egg urteilt: »Fakt ist, es waren zu wenige Polizisten vor Ort. So eine virale Bewegung muss man schon am Anfang stoppen, ehe sie sich ausbreitet. Ein paar der Täter müssen das schon im Kopf gehabt haben, solche Übergriffe zu begehen. Andere haben sich dann davon anstecken lassen.« Er glaubt, »dass im Schutze der Dunkelheit und der großen Menschenmasse sukzessive eine ›anomische‹ Situation entstanden« sei, also ein Zustand ohne oder nur mit wenigen Normen.

Die Bund-Länder-Projektgruppe unter Federführung des BKA weist in ihrem Bericht auf einen wichtigen Punkt hin: »Die auch in den Herkunftsstaaten als europatypisches ›Event‹ bekannten großstädtischen Silvesterfeierlichkeiten haben nach Erkenntnissen der Kölner Polizei ›scheinbar als Magnet‹ für eingereiste Nordafrikaner gewirkt.« Auch die Frankfurter Polizei hatte festgestellt, dass das Silvesterfest im Vorfeld in einschlägigen sozialen Netzwerken als »Big Party« angepriesen wurde.

Kurzum: Es kam vieles zusammen, damit dieser Mob überhaupt entstehen konnte. Nach Schätzungen von LKA-Chef Jacob waren nur rund zehn Prozent der Anwesenden auf dem Bahnhofsvorplatz Teil der Gruppe der seit Jahren im Fokus stehenden »Nafri«-Szene mit den Diebstahlsdelikten, 90 Prozent seien hingegen »kurzfristig zugereist«, also »im Zeitraum von drei Monaten bis wenigen Wochen vor der Silvesternacht« nach Deutschland gekommen. Jacob: »Der größte Teil der Straftäter in Köln kam nicht aus der Klientel, die den Kölnern schon bekannt war.« Heißt aber auch: Die meisten Tatverdächtigen kamen mit der großen Migrationswelle ab dem Spätsommer 2015 als Asylbewerber bzw. als »Flüchtlinge« ins Land. Es ist nicht zuletzt dieser Umstand, der die Silvesternacht zu einem weltweiten Politikum gemacht und mit der Asylpolitik Angela Merkels verknüpft hat.

DANK

Wir danken für ihre Unterstützung bei der Realisierung dieses Buchprojekts Leopold Hoesch und Carsten Fiedler. Für ihre fachliche Hilfe danken wir Simone Schillinger, Hendrik Pusch, Gerlach Schreiber, Markus Brauckmann, Christoph Mathieu und Lukas Hoffmann. Unseren Ehefrauen Sabrina Lodders-Voogt und Anja Wiermer sowie unseren Kindern sind wir dankbar für ihr Verständnis.

16334306R00125

Printed in Poland
by Amazon Fulfillment
Poland Sp. z o.o., Wrocław